Die Mönche kommen ...

ROCCO THIEDE

Die Mönche kommen ...
Neuzelle

Wiederbesiedelung eines Klosters

benno

Inhalt

Warum das Mönchische heute so fasziniert

„Ora et labora" – bete und arbeite. Dieses mittelalterliche Lebensmotto mönchischen Lebens hat bis in das Internetzeitalter des 21. Jahrhunderts Bestand und Wert – nicht nur für Ordensfrauen und Ordensmänner. Intensiv setzte ich mich als Student der Kunstgeschichte vor fast 30 Jahren auf Exkursionen und in Vorlesungen mit dem Ordensleben auseinander, denn die Architektur, Bildhauerei, Malerei oder Buchkunst der nachantiken Zeit sind ohne die Kenntnis des christlich-klösterlichen Lebens nicht zu deuten und zu verstehen. Die Faszination dieser scheinbar weltabgewandten Lebensweise, deren Reiz für wohlstandsmüde, vom Materialismus übersättigte Westeuropäer zu einer Alternative ihres alltäglichen Lebens zwischen Beruf, Familie und Freizeit werden kann, hält bis heute an. Sie scheint in Zeiten permanenter Erreichbarkeit durch das Internet und mobiler Geräte sogar einen gewissen Boom zu erleben. Seit über einem Jahrzehnt gehe ich mindestens einmal im Jahr für eine knappe Woche als Gast in ein Kloster. Hier in der Ruhe und mit dem geregelten Rhythmus durch feste Stundengebete schaffe ich es, zu mir zu kommen, zu fragen, wo ich im beruflichen und privaten Leben stehe und erfahre hinter Klostermauern, was mir wichtig ist und wohin ich noch will. So wie für viele Christen, Menschen aus anderen Religionsgemeinschaften oder nicht Glaubende wurden auch für mich persönlich Klöster und ihre geistlichen Gemeinschaften zu Orten der Suche, der Sehnsucht und der Antwort auf existentielle Sinnfragen.

In den vergangenen 20 Jahren hatte ich als Journalist und Fotograf beruflich immer wieder die Möglichkeit, meinen Kontakt zu klösterlichen Lebensformen in Artikeln oder Reportagen für Agenturen, Zeitungen oder den Hörfunk kreativ umzusetzen. Die publizistische Auseinandersetzung zum Thema Kloster intensivierte sich, als ich zur Osterzeit 2016 eine heilige Messe in der Neuzeller Wallfahrtskirche besuchte und dabei vom Pfarrer hörte, dass es Pläne einer Wiederbesiedelung des vor 750 Jahren gestifteten Klosters in der Niederlausitz gibt. Seitdem habe ich mehrfach vom Deutschlandfunk über den SWR, den RBB bis zum WDR eine Reihe von Reportagen und Features zum Thema „Die Mönche kommen" aufgenommen und produziert. Auch für die Katholische Nachrichtenagentur (KNA), die Tagespost und andere Zeitungen konnte ich in den vergangenen zwei Jahren regelmäßig über dieses ungewöhnliche Vorhaben der Rückkehr der Zisterziensermönche in ein vor über 200 Jahren zwangsverstaatlichtes, wunderschönes barockes Kloster berichten. Doch schnell merkte ich, dass man mit journalistischen Formaten immer nur Teilaspekte aufgreift und nie den komplexen Vorgang dieses ehrgeizigen Vorhabens beschreiben kann. So entstand die Idee zu diesem Buch, welches die Geschichte, die Menschen und ihre Motive hinter dieser Wiederbesiedelung eines Klosters in der Diaspora mit Mitteln des Interviews und dem sogenannten Storytelling beschreiben möchte. Von der ersten Idee über die Recherche, die vielen Gesprächs- und Fototermine sind bis zur Drucklegung zwei Jahre ins Land gegangen. Am Ende ist dieses Buch ein Bild aus vielen Mosaiksteinen geworden – eine Momentaufnahme in einem Prozess, der noch lange nicht abgeschlossen ist. Denn so wie es mit der Klosterstiftung 1268 noch viele Jahre dauern sollte, ehe ein erstes Kloster stand und hier Mönche wirkten, und abermals viele Jahrhunderte vergingen, ehe die Menschen mit christlichem oder ohne Glauben dieses einmalige Ensemble in seinem heutigen Zustand bewundern konnten, so wird auch ein lebendiges Klosterleben Zeit benötigen. Selbst das Gründungsteam der Zisterzienser hat sich seitdem schon verändert. Einer der Mönche ging mittlerweile in die Abtei nach Heiligenkreuz zurück, um andere Aufgaben zu übernehmen. Zwischenzeitlich waren nur

drei Brüder vor Ort. Aber bis zur Eröffnung des Priorats im September 2018 sollen es sieben bis acht Mönche sein, die vom österreichischen Mutterkloster in den Osten Deutschlands entsandt werden.

Mein Ansatz, den Prozess und die Personen dahinter zu beschreiben, die jetzt oder schon früher an der Wiederbesiedelung von Kloster Neuzelle mitwirkten, hätte ich ohne die große Unterstützung von vielen Menschen nicht umsetzen können. Dankbar war ich über jeden Gesprächspartner, auch wenn ich am Ende nur einige Vertreter aus dem „Volk Gottes" in einem Abschlusskapitel zu Wort kommen lassen konnte und meine Aufzeichnungen und Interviews noch weitere interessanten Geschichten für zwei, drei weitere Kapitel geboten hätten.

Namentlich danken möchte ich Bischof Wolfgang Ipolt und Bischof Dr. Markus Dröge – was auch Ausdruck für die starke ökumenische Komponente dieses besonderen Ortes Neuzelle und seines Klosters ist. Geholfen haben mir neben den Mitarbeitern des Bischöflichen Ordinariats Görlitz und des Erzbistums Berlin auch die katholische und evangelische Kirchengemeinde Neuzelle, die Superintendantur in Frankfurt/Oder, der Verein der Freunde und Förderer des Zisterzienserklosters Neuzelle e. V. und das Bonifatiuswerk in Paderborn. Und natürlich wäre aus diesem Buch nichts geworden, wenn nicht die Mönche Pater Simeon, Pater Kilian, Pater Philemon und Frater Aloysius sowie ihr Abt Dr. Maximilian Heim in Heiligenkreuz so offen dem Vorhaben gegenüber gestanden hätten.

Die Geschichte, dass die Mönche kommen, ist nur der Auftakt zu einer weiteren Erzählung. Denn wichtiger ist, dass sie bleiben, wirken und mit ihrem täglichen „Ora et labora" ein ehemaliges Kloster wiederauferstehen lassen und für Christen sowie alle offenen und historisch interessierten Menschen das Kloster Neuzelle zu neuem Leben erwecken.

Rocco Thiede, Berlin und Neuzelle Mai 2018

Der Kairos und Leuchtturm

Klosterleben: Ein Austausch zwischen Ministerin und Kirchenmännern

Am 2. September 2017, an einem Samstagvormittag trafen sich auf Einladung von Bischof Wolfgang Ipolt Persönlichkeiten aus der Politik und den Kirchen im katholischen Pfarrhaus in Neuzelle. Es war der Vortag der alljährlichen Wallfahrt des Bistums Görlitz, die jedes Jahr immer am ersten Septembersonntag stattfindet. Aus Potsdam reiste Brandenburgs Kulturministerin Dr. Martina Münch an. Aus Österreich kam Abt Dr. Maximilian Heim aus der Zisterzienserabtei Stift Heiligenkreuz. Für das Erzbistum Berlin war Weihbischof Dr. Matthias Heinrich anwesend und für die evangelische Kirche Superintendent Pastor Frank Schürer-Behrmann aus Frankfurt (Oder). Das Bonifatiuswerk, welches die Wiederbesiedelung von Kloster Neuzelle aktiv unterstützt war mit seinem Geschäftsführer Martin Guntermann aus Paderborn vertreten. Pater Simeon sowie und Pater Kilian kamen zu diesem gut zweistündigem Treffen als Abgesandte der Zisterziensermönche aus Heiligenkreuz, die als Vorhut seit Ende August 2017 in Neuzelle beten und arbeiten. Unter dem Thema „Kloster: Gestern – Heute und Morgen" diente dieser Gedankenaustausch dem besseren Kennenlernen aller am Prozess der geplanten Wiederbesiedelung beteiligten Gruppen und war eine Anregung des Buchautors, der zusammen mit dem Pressesprecher der Erzbistums Berlin, Stefan Förner, das Gespräch moderierte.

▼ Gruppenbild auf dem Stiftsplatz vor dem Gespräch im Pfarrhaus: P. Kilian, P. Simeon, Weihbischof Dr. Matthias Heinrich, Bischof Wolfgang Ipolt, Kulturministerin Dr. Martina Münch, Martin Guntermann, Pastor Frank Schürer-Behrmann und Abt Dr. Maximilian Heim (v. l. n. r)

Bischof Ipolt: Es ist das erste Mal, dass sich so verschiedene Menschen begegnen im Zusammenhang mit der Wiederbesiedlung von Kloster Neuzelle. Die Politik ist mit Frau Ministerin Münch an diesem Tisch dabei – hier im katholischen Pfarrhaus der ehemaligen Sommerresidenz der Neuzeller Äbte. Der Konvent der Zisterzienser aus Heiligenkreuz ist mit seinem Abt Maximilian, dem ehemaligen Prior Pater Simeon und Pater Kilian vertreten, das Erzbistum Berlin mit Weihbischof Heinrich, die Evangelische Kirche mit Superintendent Pastor Frank Schürer-Behrmann aus Frankfurt/Oder und das Bonifatiuswerk mit dem Geschäftsführer Herrn Guntermann. Für uns als kleinstes Bistum Deutschlands ist das sehr wichtig, wenn wir bei

▲ Abstimmung vor dem Start: Stefan Förner, Pressesprecher Erzbistum Berlin, Weihbischof Dr. Matthias Heinrich, Superintendent Frank Schürer-Behrmann, Abt Dr. Maximilian Heim, Autor Rocco Thiede, Bischof Wolfgang Ipolt, Ministerin Dr. Martina Münch (v. l. n. r)

dieser Wiederbesiedelung eines vor 200 Jahren durch den preußischen Staat säkularisierten Klosters viele Mitstreiter und Unterstützer zum Austausch versammeln. Wir wissen um die Unterstützung vieler Menschen aus Nah und Fern, denn allein könnten wir diese Idee nicht umsetzen. Unsere Gesprächsrunde ist, wie in Kreisen unserer Kirche nicht unüblich, stark von Männern dominiert. So wäre es doch schön, wenn wir durch Frau Ministerin Münch, als einziger Frau in unserer Runde, einmal erfahren, wie und wo sie das erste Mal Kontakt zu einem Kloster hatte.

Ministerin Münch: Ich stamme aus Heidelberg und bin in Mannheim aufgewachsen. Dort gab es kaum Klöster. Sicher war ich als Kind einmal im ehemaligen Zisterzienserkloster Maulbronn, aber in meiner Kindheit und Jugend hatte ich wenig Kontakt zu Konventen und klösterlichen Klausuren. Aber als Katholikin war ich selbstverständlich im Religionsunterricht in der Schule, ging zur Erstkommunion und später zur Firmung. Das ist im Land Brandenburg, wo ich seit mehr als zwanzig Jahre lebe und das mir auch zur Heimat geworden ist, natürlich ungewöhnlich. Ich lebe heute in einer Diaspora, das heißt die meisten meiner Mitbürgerinnen und Mitbürger sind konfessionslos. Und trotzdem kam ich erst hier in Brandenburg mit Klöstern intensiver in Kontakt, weil ich als Kulturministerin auch für Angelegenheiten der Kirchen zuständig bin und es in unserer Region eine Reihe historisch bedeutsamer Klosteranlagen gibt. Diese ehemaligen Klöster stehen heute unter Denkmalschutz und werden auch mit öffentlicher finanzieller

▲ Bischof Ipolt und Ministerin Münch

Unterstützung als Museen, Bibliotheken, Veranstaltungs- und Konzertorte genutzt. In Kloster Chorin beispielsweise finden Musikfestspiele statt, in Kloster Lehnin wirkt eine evangelische Stiftung, ebenso wie im Kloster Stift zum Heiligengrabe. Letzteres ist ein christlich geprägter Ort, wo heute evangelische Stiftsfrauen zusammenleben. Es ist darüber hinaus ein kulturtouristischer Ort mit regelmäßigen Konzerten, Filmabenden, Seminaren und der Möglichkeit zur stillen Einkehr. In den Klöstern kann man erfahren, wie stark mönchisches Leben das Land über viele hunderte Jahre prägte.

Durch die DDR-Zeit haben viele Menschen nicht mehr viel Wissen über das Christentum. Fast 80 Prozent gehören keiner christlichen Kirche an, und unter den 20 Prozent Christen gibt es weniger als drei Prozent Katholiken. Trotzdem sind viele Menschen sehr aufgeschlossen gegenüber den Kirchen und Klöstern und ihrem kulturellen Erbe. Auch wenn viele mit dem Glauben nichts mehr anfangen können, sagen sie „das ist unsere Kirche und unser Kloster – ich möchte, dass das erhalten bleibt". Zahlreiche private Initiativen engagieren sich intensiv für sakrale Gebäude. Sie bauen die Gotteshäuser nach Jahren des Verfalls wieder mit auf und betreuen sie liebevoll – oft losgelöst von der spirituellen Geschichte, die im Verborgenen dahintersteht. Kultur wird hier zur Brücke, um Klosterleben und Religion für Menschen erfahrbar zu machen. Ich beobachte immer wieder ein großes Interesse und eine Offenheit bei vielen Menschen für Kirchen und Klöster und die damit verbundene Geschichte. Fast drei Jahrzehnte nach der politischen Wende – und oft auch einer Neudefinition des eigenen Lebens – entdecken einige Menschen auch christliche Wurzeln wieder und interessieren sich für den Glauben.

Superintendent Schürer-Behrmann: Wenn ich an die von Ihnen genannten Orte oder auch an Kloster Zinna denke, würde ich das nicht alternativ sehen. Die geistliche und kulturelle Identifizierung mit diesen Orten ehemaligen klösterlichen Lebens sollte nicht künstlich getrennt werden. Nun sind wir hier in Neuzelle ausgerechnet in einem Kloster, welches historisch lange Zeit gar nicht zu Brandenburg gehörte. Doch unabhängig davon ist die Geschichte Brandenburgs ohne die Zisterzienser gar nicht zu denken. Sie haben das Land christianisiert und zivilisiert. Wer durch das Land zieht, entdeckt überall Spuren des zisterziensischen Lebens – ob in Form von Klöstern, ihren Besitzungen oder in von ihnen veranlassten Kirchbauten, wie in meinem Zuständigkeitsbereich zum Beispiel verschiedene Dorfkirchen, etwa in Zinndorf, oder die Ruinen des Zisterzienserinnenklosters Altfriedland. Auch von evangelischer Seite besteht eine unreflektierte Identifikation mit dieser Geschichte der Zisterzienser. Das sind irgendwie unsere Vorgänger. Wenn die Mönche aus Heiligenkreuz tatsächlich hier sind, bietet sich die Chance, das gedanklich zu durchdringen: Was war einmal? Was war ihnen wichtig und hat sie motiviert? Wie ist es heute? Und wozu kann diese Tradition uns zukünftig inspirieren?

Weihbischof Heinrich: Es ist schon erheblich, was die Zisterzienser in diesem Landstrich geleistet haben. Sie wurden ja von den weltlichen Herrschern gebeten, das Land zu kultivieren. Einerseits die Böden zu bebauen, andererseits auch geistliche Kultur zu verbreiten. Ohne Kult gibt es keine Kultur. Das Gebet, die Verehrung, der Glaube ist immer auch die Grundlage für eine Kultur. Der Begriff eines Klosters ist nach meiner Meinung auch viel weiter zu fassen, wenn man sich überlegt, was damals zu den Klöstern an Städten, Dörfern und anderen Liegenschaften gehörte. Klöster – das waren nicht nur die Gebäude des Konvents, sondern oft ein Ortsbegriff mit vielen weiteren Aspekten. Wir erleben gerade als Zeugen die Wiederbelebung einer großen Vergangenheit. Und die Vergangenheit prägt immer auch die Zukunft.

Pater Kilian: Touristisch und wirtschaftlich wird „Kloster" heute gern als Marketingetikett genutzt: hier vor Ort zum Beispiel durch eine Klosterapotheke, Klosterhotel, Klostergalerie, Klosterbrennerei, Klosterbrauerei und vieles mehr. Die Frage ist für mich, warum funktioniert das in den Menschen – auch wenn sie nicht gläubig sind? Was wird dabei in ihnen angesprochen? Es sind Sehnsüchte, die auch durch verschiedene politische Systeme und Wenden nicht erfüllt und befriedigt werden konnten. Es gibt im Menschen etwas, was danach ruft, eine Dauerhaftigkeit, eine Kontinuität im Leben zu bekommen. Als wir im Laufe des vergangenen Jahres hier immer wieder zu Besuch waren, sprachen uns Menschen auf der Straße an und sagten, es ist schön, dass hier wieder Mönche herkommen, dass es nun wieder das wird, was draufsteht.

▶ Pater Kilian

Ministerin Münch: Das kann ich bestätigen. Das Interesse an Religions- und Kulturgeschichte wächst. Ein Beispiel dafür sind die Feiern zum 500-jährigen Reformationsjubiläum: Auch wenn die historischen Hauptorte der Reformation in Sachsen-Anhalt und nicht in Brandenburg lagen, hat dieser Schwerpunkt bei den fast 300 Veranstaltungen der Kulturland-Brandenburg-Kampagne eine sehr große Resonanz bei vielen Besucherinnen und Besuchern gefunden. Für mich ist das auch ein Indiz dafür, dass viele Menschen – unabhängig von einer Religionszugehörigkeit – auf der Suche nach Antworten und immateriellen Werten sind und sich dabei auch für das Christentum interessieren. Als ich kürzlich in einem Konzert der Kammerakademie Potsdam war und dort den „Lobgesang", die Symphonie Nr. 2 von Felix Mendelssohn Bartholdy hörte, spürte man bei den Zuhörern eine tiefe Ergriffenheit durch die Texte der Psalmen und die Musik. Da zeigte sich, welche Kraft das Christentum und seine Gedanken von Leid und Erlösung, von Barmherzigkeit und Nächstenliebe haben. Solche Anliegen möchten ja auch die Initiatoren des klösterlichen Lebens hier in Neuzelle den Menschen näher bringen.

▲ Pater Simeon

Pater Simeon: Die von Ihnen angesprochene Symphonie vertont den Text „Alles was Odem hat, lobet den Herrn". Das ist die erste Aufgabe der Mönche. Mit ganzem Herzen, mit ganzer Kraft, aus der ganzen Seele und mit allem Odem, der in uns steckt, den Herrn zu loben. Das ist genau das, was Bischof Ipolt bei seiner kurzen Ansprache zu unserer Begrüßung sagte, als er die Frage stellte: „Warum kommen eigentlich Mönche hierher? Ist das notwendig? Brauchen wir das?" Wir sind ein Hinweis auf den lieben Gott. Und jeder Mensch fragt sich irgendwann: Wer bin ich? Woher komme ich und wohin gehe ich? Wir haben eine Antwort darauf und wir versuchen diese Antwort zu leben. Bei der Auseinandersetzung mit unserem Lebensprogramm können andere Menschen schauen, ob es eventuell auch etwas für sie ist. Die Entscheidung für Gott muss ein Akt der Freiheit sein. Wer dabei entdeckt, dass er ein geliebtes Kind Gottes ist, erhält das Schönste, was es gibt! Wir glauben, dass diese Sehnsucht, von der Pater Kilian gesprochen hat, nichts anderes ist, als die Sehnsucht nach Liebe, die jeder Mensch in sich hat. Es ist gut, wenn es jemanden gibt, der darauf hinweist. Alle Menschen benötigen etwas, wo sie andocken können, ob bei Kultur, Kunst oder Musik – aber das ist nur ein Vorhang. Wir erwarten, dass der liebe Gott diesen Vorhang eines Tages aufmacht und sich uns zu erkennen gibt.

Weihbischof Heinrich: Es geht nicht nur um die natürliche Sehnsucht nach Gott, es geht auch um den konkreten Glauben; denn die Wegweiser unserer Zivilisation lassen keinen Zielort mehr erkennen. Die Menschen wissen nicht mehr in welche Richtung etwas geht. Die Unsicherheiten verstärken sich. Der Rattenfänger von heute braucht keine originellen Melodien mehr zu kreieren. Er braucht nur die Ängste einzusammeln und sich an deren Spitze zu setzen, damit die Leute folgen. Wir sehen die Erschütterungen, die es gesellschaftlich gibt, wo keiner mehr weiß, was kommt auf uns zu und wohin führt unser Weg? Die Kirche ist der einzige global Player auf unserer Welt, der Antworten bieten kann und unsere Religion ist ein Haltepunkt, mit einem Schatz von 2000 Jahren Erfahrungen.

Martin Guntermann: Kloster Neuzelle ist eine wunderschöne Anlage, die man hier gar nicht erwartet, wenn man in diese Gegend im Osten Deutschlands kommt. Ich fragte mich als Besucher von auswärts, wie nehmen die Menschen das vor Ort wahr? Klöster sind für uns vom Bonifatiuswerk Orte alternativer Lebensformen. Es ist ein „Anders-Ort", manches Mal mit Museum, mit Möglichkeiten für Konzerte oder für viele Touristen auch als interessantes architektonisches Ensemble. Auch Menschen, die der Kirche als Institution sehr fern stehen, genießen diese Inseln. Doch so richtig spannend wird es erst, wenn diese Insel, dieses Kloster wiederbesiedelt wird. Diesen Schritt hin zum lebendigen Klosterleben wollen und werden wir als Diasporawerk begleiten.

Bischof Ipolt: Ich war schon als Student der Theologie in den 70er Jahren hier vor Ort im Pastoralseminar. Von 1947 bis 1993 gab es in einem Flügel des Klosters das Priesterseminar für einige Jurisdiktionsbezirke der ehemaligen DDR – es waren zu Ostzeiten keine Bistümer. Hier absolvierten viele angehende Priester gut eineinhalb Jahre vor ihrer Weihe die letzte Phase ihrer Ausbildung.

◀ Abt Dr. Maximilian Heim, Pater Simeon, Bischof Wolfgang Ipolt

▲ Abt Dr. Maximilian Heim

Eine Sehnsucht nach den Mönchen, wie es heute von vielen Menschen in den vergangenen Jahren formuliert wurde, hatten wir als Alumni damals zur DDR-Zeit nicht. Und ganz ehrlich, dass hier einmal wieder reale Mönche ihr Chorgebet singen werden, das war in jenen Jahren der kommunistischen Herrschaft außerhalb jeder Vorstellung. Der Pfarrer von Neuzelle zeigte uns Studenten damals auf dem Friedhof neben der Heiliggeistkirche den Grabstein, wo die letzten Zisterzienser bestattet wurden. Natürlich nahmen wir die große Klosteranlage als Ort der lebendigen Kirchengeschichte wahr. Der Speisesaal des Priesterseminars (im heutigen Kanzleigebäude gelegen) war ein Raum mit einer Stuckdecke und mit Symbolen aus der Klosterzeit – Zeichen dafür, dass hier einmal Zisterzienser lebten. Da sind wir zumindest optisch an die Vergangenheit des Ortes erinnert worden und haben hier als Priesteranwärter genauso wie in der Kirche intensiv den langen Atem der Geschichte dieses besonderen Ortes gespürt. Aber sonst gab es zu DDR-Zeiten keinen Hinweis auf dieses Kloster, auch keine Hinweisschilder im Ort. Heute hingegen wird man schon an der Autobahn und dann immer an der Landstraße mit touristischen Schildern sicher zum Kloster Neuzelle geführt.

Wir leben heute in einer Zeit der Umstrukturierungen unserer Ortskirchen und Bistümer. Manches Mal stochert man als Bischof ein wenig wie im Nebel und überlegt: Wo wird wohl die Kirche in Zukunft hingehen? Welche äußere Gestalt wird sie haben? Sicher ist, wir werden als Kirche nicht mehr flächendeckend präsent sein können, da mangelt es uns an Kräften und Personal. Aber wir wollen und können an einzelnen Stellen ausstrahlend präsent sein. Ich bezeichne das gern mit dem Bild des Leuchtturms. Solche Leuchttürme müssen wir stärken.

Wir sind zwar das kleinste Bistum Deutschlands – aber mit fast 10 000 Quadratkilometern flächenmäßig kein Zwerg. Wir haben kaum bedeutsame Institutionen, aber dafür möchte ich in Personen investieren. Davon lebt unser Glaube, dass wir Zeugen des Evangeliums und der Gotteswirklichkeit haben. Die Gebäude des „Leuchtturms Neuzelle" erinnern an etwas Historisches, an eine lange Glaubensgeschichte – die für 200 Jahre unterbrochen war. Durch die Präsenz von Mönchen knüpfen wir jetzt wieder an diese Geschichte an und die alten Gebäude erlangen neue Strahlkraft. Ich bin sicher, dass Kloster Neuzelle durch die Wiederbesiedelung auf neue Weise Menschen anziehen wird und viele verlockt werden, einmal dorthin zu fahren.

Abt Maximilian: Für uns ist die Neugründung eines Klosters auch ein Auftrag, nicht immer nur an unsere Aufgaben in Heiligenkreuz zu denken, sondern den Horizont zu weiten. Das war schon vor 30 Jahren in Bochum-Stiepel im Ruhrgebiet so, wo wir in einer Zeit eine Neugründung wagten, als andere Konvente bereits schließen mussten. Viele haben damals diese Initiative des Ruhrbischofs Franz Hengsbach belächelt. Das Entscheidende war damals, dass wir in Bochum an eine 1 000 Jahre alte Wallfahrtstradition anknüpfen konnten. Außerdem gab es in Bochum viele, gute, ökumenische Beziehungen zu unseren evangelischen Brüdern und Schwestern. Ich selbst war die ersten acht Jahre nach der Neugründung in Bochum-Stiepel vor Ort und bin dann nach Heiligenkreuz zurückgerufen worden, um Novizenmeister zu werden. Wir haben auch damals schon – so wie heute hier in Neuzelle – den Anruf Gottes hinter dem Vorhaben gesehen, obwohl die Zahl der Mönche nur halb so groß wie heute war, denn heute sind wir über 100 Mitbrüder. Aber es geht nicht nur um Zahlen und Strukturen, denn das Klosterleben wird von der Dynamik des Heiligen Geistes getragen. Er sendet uns auf Missionsreise, in eine Mission der Liebe. Diese Sendung nach Neuzelle, kommt nicht von uns, sondern sie ist uns vom Bischof als Stellvertreter Christi gleichsam „von Oben" gegeben. Die Carta Caritatis als das älteste Verfassungsdokument der Zisterzienser ist eine Carta der Liebe zu Gott und zum Nächsten. In einer Zeit der Individuation, wo die Menschen oft in die Vereinsamung hineinkommen und nicht mehr mit ihren Problemen fertig werden, bieten wir die Gemeinschaft untereinander und mit Gott an. Das hat mich seit 1982, seit meinem ersten Kontakt mit Heiligenkreuz, auch persönlich geprägt. Im Sinne der Carta Caritatis wollen wir diese Liebe auch in und durch unsere Tochterklöster weitergeben.

Bischof Ipolt: Die Initialzündung für die Idee dieser Wiederbesiedlung kam mir beim Durchblättern eines Programmheftes der Stiftung Stift Neuzelle. Dort entdeckte ich 2014 zum ersten Mal ein Logo mit dem Hinweis: „750 Jahre Kloster Neuzelle 1268 – 2018". Das war mir bis dahin gar nicht so bewusst und ich fing an, mich intensiver mit der Geschichte und den Anfängen dieses Ortes zu beschäftigen. Dabei wurde mir klar, dass die Mönche in der Folge der Säkularisation vor 200 Jahren, im Jahr 1817 von hier vertrieben wurden. Es gibt manches Mal in der Geschichte der Kirche einen Kairos – einen Zeitpunkt, den uns Gott zuspielt und den wir nur ergreifen müssen. Ich hatte den Eindruck, dass dies ein solcher Kairos war: 750 Jahre Gründung des Klosters Neuzelle und 200 Jahre Säkularisation. Ich schrieb daraufhin Abt Maximilian einen Brief. Erst einmal kam keine Antwort. Dann erhielt ich einen Anruf von Abt Maximilian, der mir am Telefon sagte, er hätte einen ganzen Aktenordner voller Anfragen immer mit dem Tenor, ob denn die Zisterzienser von Heiligenkreuz nicht in diesen oder jenen Ort kommen könnten. Da habe ich den Hörer fast schon resigniert fallen lassen. Doch dann folgte der entscheidende Satz: „Aber Ihren Brief habe ich ganz oben draufgelegt und ich melde mich dazu noch einmal." Da wusste ich, unsere Bitte wird nicht ad acta gelegt, sondern es wird darüber ernsthaft nachgedacht. Dann gab es gegenseitige Besuche und Abt Maximilian kam zum ersten Mal nach Neuzelle. Als er die große Anlage sah mit den dazugehörigen Wäldern und Ländereien, sagte er im Gespräch mit dem Vorstand der Stiftung Stift Neuzelle: „Das ist alles einmal gestiftet für einen bestimmten Zweck und mit einem bestimmten Ziel – nämlich für ein Kloster. Wenn eine Wiederbesiedelung gelingen könnte, dann wäre der ursprüngliche Stiftungszweck wiederhergestellt und wir würden damit anknüpfen an eine lange Geschichte." Die Chance dieses Jubiläumsjahres 2018, die wollte ich ergreifen und mitgestalten, denn 750 Jahre Kloster Neuzelle zu feiern, ohne ein lebendiges Kloster zu haben? Das schien mir etwas rückwärtsgewandt. Also warum nicht den Mut aufbringen und nach vorn denken!

Superintendent Schürer-Behrmann: Auch wir als Evangelische haben hier vor Ort 2018 ein Jubiläum zu feiern: 200 Jahre evangelische Gemeinde in der Heiliggeistkirche. Ich finde aber auch, es lohnt sich darüber nachzudenken, was der Abbruch der Zisterziensertradition im 19. Jahrhundert und die Abbrüche seitdem bedeuten. Es ist sicher nicht nur eine semantische Feinheit, ob wir „wieder-beleben" oder „neu gründen". Es ist sicherlich etwas von beidem dabei, wenn an eine über 500 Jahre alte Tradition angeknüpft wird. Ich bin seit 25 Jahren in Brandenburg als Pastor unterwegs und spreche deswegen ungern von einer Re-Christianisierung, weil ich glaube, wir können nach all den historischen Prozessen, wie zum Beispiel der Reformation oder der Zwangs-Säkularisierung der DDR-Zeit, nicht in den Status Quo Ante zurückkehren. Auch als evangelische Kirche stellen wir uns die Frage, wo wollen und wo können wir hin? Da ist es gut, die Tradition als Hintergrund wahrzunehmen und an sie anzuknüpfen. Aber gleichzeitig müssen wir etwas Neues schaf-

▼ Superintendent Frank Schürer-Behrmann, Abt Dr. Maximilian Heim

fen. Die barocke Gestaltung dieses Klosters hier fasziniert einerseits und ist anderseits auch fremd. Die Mönche kommen in ein verändertes Umfeld zurück, das 200 Jahre auch vom evangelischen Staatswesen geprägt wurde. Auch wir als evangelische Kirche haben uns verändert. Vor 50 oder 70 Jahren hätte es sicher großen Protest gegen die Reetablierung eines Mönchsklosters gegeben, auch aus geistlichen Gründen. Bei Luther würde man reichlich Material finden, warum das nicht sein darf. Inzwischen haben aber auch wir in der evangelischen Kirche eine neue Würdigung geistlichen und gemeinschaftlichen Lebens vorgenommen. Und es gibt mittlerweile auch bei uns neugegründete evangelische Gemeinschaften, wie zum Beispiel in Berlin das „Stadtkloster Segen" in der Schönhauser Allee.

Mir hat das Wort Mission von Abt Maximilian sehr gefallen. Es ist gesellschaftlich nicht ganz so einfach, weil auch Missionierung dabei mitklingt, im Sinne von Zwangsmissionierung. Aber wenn es die Mission der Liebe bedeutet, also des Bereitstellens von geistlichen Erfahrungen, von Traditionen, von verbindlicher Gemeinschaft – das ist in einer auseinanderfallenden Gesellschaft sehr wichtig. Spannend wäre für mich die Antwort auf die Frage, wie diese Angebote an die Gesellschaft auch gemeinsam, also *ökumenisch* von beiden Kirchen vermittelt werden können. Dann werden sie für die anderen besonders glaubwürdig. Hier scheint mir vor Ort vieles möglich, wenn ich zum Beispiel sehe, dass Abt Maximilian im evangelischen Pfarrhaus auf dem Klostergelände übernachtete und es seit Jahren einen guten Kontakt zwischen den beiden Pfarrern und ihren christlichen Gemeinden gibt.

Weihbischof Heinrich: Martin Luther hat übrigens sehr positive Worte über Bernhard von Clairvaux und die Zisterzienser gefunden. Das Wort Reformation bedeutet ja, dass der Fortschritt auch immer die Wiedergewinnung von Altem ist. Meine Erwartung ist darum auch, dass hier wieder die betende Kirche zum Zuge kommt. Manchmal ist das Caritative und Pastorale der Kirche sehr hoch bewertet, und die Quellen, aus denen die Kirche lebt, das Gebet – als der andere Lungenflügel, wie Papst Paul VI. immer gesagt hat – kommt zu kurz. Das Lob Gottes zu singen, welches die Quellen aufzeigt und wiederbelebt, das halte ich für sehr wichtig.

Superintendent Schürer-Behrmann: Wenn unter der Mission der Liebe nur tätige Nächstenliebe verstanden wird, ist es zu wenig. Das Leben und das Bereitstellen von geistlichen Formen wie den Tagesgebeten ist in sich bereits ein diakonischer Dienst. Vielleicht viel größer, als man es in irgendeiner Form tätiger Nächstenliebe leisten könnte. Die gibt es auch anderswo. Da stimme ich Bischof Ipolt mit seinem Leuchtturmcharakter für diesen Ort sehr zu, und der besteht eben in seinem geistlichen Charakter. Der wird ausstrahlen!

Bischof Ipolt: Wir haben viele ökumenische Möglichkeiten, die wir noch nicht ganz ausschöpfen. Hier in Neuzelle werden die Mönche das durch und durch biblisch geprägte Stundengebet wiederbeleben. Das kann man auch ökumenisch sehr gut zusammen machen. Es ist schade, dass das bisher kaum in den Pfarreien praktiziert wird. Hier sollten wir Brücken zwischen den Konfessionen finden. Die Not, dass die Menschen Zugänge brauchen, um mit Gott zu sprechen, zum Beten, die ist wohl unter allen Christen zu spüren – da gibt es keinen Unterschied zwischen katholischen und evangelischen Christen.

Eine betende Gemeinschaft kann da wirklich Hilfen anbieten und einladend sein für Menschen, die nach Gott suchen.

Aber lassen sie uns noch einmal den Fokus auf das Verhältnis zwischen Staat und Kirche richten, da Kloster Neuzelle kein Eigentum der christlichen Kirchen, sondern einer staatlichen Landesstiftung ist.

Ministerin Münch: Bischof Ipolt hat nicht nur Abt Maximilian, sondern auch mir einen Brief geschrieben, da war ich noch recht neu im Amt, weil meine Vorgängerin Präsidentin der Humboldt-Universität in Berlin wurde. Das war einer der ersten Briefe, die ich als Kulturministerin in Potsdam erhielt. Da wir uns schon länger kennen, wusste ich gleich, das ist nicht nur so eine Idee, sondern da stecken ernsthafte Überlegungen dahinter. Ich wurde gefragt, ob ich mir grundsätzlich eine Wiederbesiedelung Neuzelles mit Mönchen vorstellen könne. Und ich sagte sofort „Ja", weil ich diesen besonderen Ort hier kenne. Das mit dem Kairos beschreibt die Ausgangslage sehr gut. Es muss ein Moment da sein, wo verschiedene Menschen aus unterschiedlichen Bereichen gemeinsam sagen, dass die Umsetzung nicht nur vorstellbar, sondern auch realistisch ist. Vor fünf oder zehn Jahren wäre das meiner Meinung nach nicht möglich gewesen.
Im ersten Augenblick gab es Irritationen bei der Stiftung hier vor Ort, weil die Mitarbeiterinnen und Mitarbeiter es erst durch die Medien erfuhren, dass nach Neuzelle wieder Mönche kommen wollen. Es gab in der Öffentlichkeit auch viele sehr positive Reaktionen. Es ist etwas Neues, was hier entsteht, man knüpft an die Geschichte dieses Ortes an. Weil es aber kein leeres Kloster ist, müssen wir nun schauen, wie wir die jetzigen Nutzer in die weitere Entwicklung einbeziehen. Da finden wir Lösungen!

Bischof Ipolt: Es ist auch eine gewisse Fügung, dass Frau Ministerin Münch gleichzeitig Vorsitzende des Stiftungsrates der Stiftung Stift Neuzelle ist. Das vereinfacht sicher bestimmte Entscheidungen.

Ministerin Münch: Dafür habe ich mich ganz bewusst entschieden, weil mir das Kloster Neuzelle als eindrucksvolle Denkmalanlage, aber auch als kultureller und spiritueller Ort besonders am Herzen liegt!

Pater Kilian: Was die Resonanz in den Medien angeht, sind wir Mönche auch selbst überrascht worden, denn der Auftakt zur Berichterstattung war nur ein Foto auf unserer Internetseite, als uns Abt Maximilian den Reisesegen vor unserer ersten Fahrt nach Neuzelle gab. Diesen Reisesegen gibt es vor jeder Fahrt und er ist ein übliches Ritual. So standen die ersten Journalisten schon bei unserer Ankunft hier in Brandenburg vor dem Klostertor und wollten Hintergrundinformationen. Ein Aspekt dieses Kairos war und ist für mich auch das mediale und öffentliche Interesse von vielen Bürgern, weit über die katholischen und christlichen Kreise hinaus. Wir erhalten bis heute viele E-Mails, Anrufe und Briefe von frommen und nichtgläubigen Absendern, die uns positiv bestätigen. Offensichtlich berührt es die Menschen auch persönlich.

Pater Simeon: Man könnte auch kritisch hinterfragen, warum ein Kloster auf einmal so im Fokus der medialen Präsenz ist. Obwohl unsere Hauptaufgabe das Gebet ist und wir eigentlich im Verborgenen wirken, mit Schweigen in der Stille. Das ist für uns auch eine geistliche Belastung, denn es muss alles getragen und ertragen werden. Mediale Berichterstattung bringt in der Regel nur die Oberfläche der Wahrheit ans Licht. Für uns war es hier deshalb wichtiger, Menschen zu begegnen, die uns über die konfessionellen Grenzen hinaus offen aufnahmen. Unser eigentliches Zentrum vor Ort ist das Stundengebet auf der Empore in der Kirche. Da finden wir die Kraft für alles, was ist und kommt. Wir definieren uns nicht über die Medien, sondern über das was wir sind: Kinder Gottes. Alles, was wir in diesem Prozess der Wiederbesiedelung von Kloster Neuzelle tun können, das empfehlen wir der Barmherzigkeit Gottes, und es ist eine Freude, dass vieles auch gelingt. Wir stehen da und beten und wundern uns darüber, dass sich alles momentan so fügt. Wir haben auch keine Sorge, eine angemessene Bleibe hier zu finden. Das katholische Pfarrhaus ist momentan eine gute Unterkunft für uns. Aber eines ist klar: Wir leben in diesem Provisorium nicht in einer WG, sondern wir sind hier, weil wir ein Kloster mit Klausur gründen.

Bischof Ipolt: Deshalb sind die ersten vier Mönche auch die Vorhut – es sind die Kundschafter, die wie im Alten Testament sozusagen das „gelobte Land" und seine Bedingungen erkunden. Als die Kundschafter aus dem Land Kanaan zurückkamen, brachten sie Früchte mit, um ihrem Volk Mut zu machen, in dieses Land einzuziehen. Das soll dann im nächsten Jahr geschehen. Wir werden dann formell ein von Heiligenkreuz abhängiges Priorat hier errichten. Das ist ein kirchenrechtlicher Akt, den wir bei unserer jährlichen Diözesanwallfahrt im September dann auch vollziehen werden. Denn bei dieser Wallfahrt sind auch die Menschen hier, welche für das Vorhaben der Wiederbesiedelung lange gebetet und dafür auch schon Geld gespendet haben. Das Volk Gottes soll nach meiner Überzeugung diesen neuen Anfang miterleben und weiter mittragen.

▼ Bischof Wolfgang Ipolt

Abt Maximilian: Als mich Bischof Ipolt das erste Mal anschrieb, habe ich seinen Wunsch abgelehnt. Dann hat er noch einmal geschrieben. Diesen Brief las ich im Abtrat vor und alle spürten: Hier geht es um einen besonderen Anruf. Die Gründung des Priorates stimmt uns voller Zuversicht, denn es war nicht unsere Initiative, sondern ein Akt des Gehorsams, durch einen „Anruf von Oben". Diesen beantworten wir nun, ganz dem Evangelium gemäß: Sauerteig zu sein und in die Gesellschaft hineinzuwirken, sichtbar zu sein ohne aufdringlich zu werden, den Menschen Hoffnung zu geben, indem wir diese Hoffnung selbst auch leben. Die Menschen sollen erkennen, dass es ein Eingreifen von Oben geben kann. Außerdem sind die Mitbrüder, die hier als „Vorhut" wirken, in Heiligenkreuz nicht unzufrieden gewesen. Sie taten sich also nicht zusammen, um hier etwas Besseres zu finden und zu gründen! Grundsätzlich handeln wir nach der Maxime: Wenn man ein Kloster gründet, muss man die besten Mönche aussenden. Denn das ist „das beste Startkapital" und für uns die größte personelle Investition.

Alle Hindernisse, die gegenwärtig noch da sind, können sicherlich gelöst werden. Da bin ich so einfach glaubend, dass ich davon überzeugt bin: Wenn Gott es möchte, wird dieses Werk gelingen und dann werden sich auch die Wege entsprechend ebnen – selbst wenn man hier und da noch auf Widerstände stößt. Das ist normal. Es war für mich sehr berührend, wie wir hier empfangen wurden: mit großer Herzlichkeit, Offenheit und Freundlichkeit – von den katholischen wie von den evangelischen Christen und wie auch von Nicht-Christen.

Weihbischof Heinrich: Unser Erzbistum Berlin bewertet diese Entwicklungen in Neuzelle sehr positiv, nicht nur weil auch wir in der Vergangenheit zu Wallfahrten mit vielen Gläubigen immer wieder sehr gern hier waren. Es ist ein Zeichen dafür, dass in der Kirche nicht nur reduziert und abgebaut wird, sondern das Aufleben, Wiederbeleben und Wiederauferstehen dazu gehört. Um es theologisch zu sagen, der Gottesname ist, wenn man ihn korrekt übersetzt, „Ich werde da sein, als der ich sein werde". Das Da-Sein der Mönche allein ist darum schon eine Hilfe. Was auch immer sie zukünftig nach außen tun – dass sie in Gemeinschaft da sind und Gottes Gegenwart bezeugen, das ist für uns und die Gesellschaft schon ein Wert. Einen Ort zu haben, wo man hingehen kann, ohne etwas zu leisten, ohne etwas zu tun ist gleicherweise ein Wert. Man hört den Gesang und das Gebet. Man kann sich fallen lassen und öffnen, das ist unendlich wertvoll; denn monastische Orden gibt es in unserer Gegend nicht viele.

Martin Guntermann: Deshalb unterstützen wir durch Fundraising und unser Know-how diese Gründung nahe der polnischen Grenze. Wir sind als Diaspora-Hilfswerk in Nord- und Ostdeutschland bei der Förderung aktiv. Ob in Skandinavien, Grönland oder hier – die Bedürfnisse sind überall ähnlich. Für uns wäre die Wahrnehmung des Sendungsgedankens dieses Klosters auch sehr wichtig.

Ministerin Münch: Ich glaube auch, dass es kein Zufall ist, dass hier am äußersten Ostzipfel Deutschlands wieder mönchisches Leben entsteht, nahe am katholischen Polen. Es geht sicher auch um Brückenfunktionen ins Nachbarland, die gerade Menschen in Ostdeutschland gut meistern können, weil sie durch die erlebten Umbruchsituationen vielleicht etwas offener sind als andere. Die Mehrzahl der Ostdeutschen musste nach der Wende einen neuen Beruf ergreifen und neu lernen. Offen für neue Ideen zu sein, nicht in starren, konventionellen, administrativen Strukturen stecken zu bleiben, gehörte für fast alle zu den Herausforderungen vergangener Jahrzehnte.

Bischof Ipolt: Damit das geschehen kann, was von Weihbischof Heinrich und Frau Ministerin schon gesagt wurde, dass hier Menschen eine Zeitlang mit leben können, oder zumindest einen Ort der Sammlung für sich finden, sollten wir mit der Stiftung hier vor Ort überlegen, welche Räume es dafür geben kann. Ein Kloster ist ein Glaubens- und Lebensraum. Es ist zugleich auch immer Einladung zum Teilen des Glaubens. Die Gastfreundschaft wird gerade in den Klöstern, die nach der Regel des hl. Benedikt leben, großgeschrieben. Benedikt hat den Mönchen ans Herz gelegt, jeden Gast wie Christus selbst aufzunehmen.

▲ Weihbischof Dr. Matthias Heinrich

▲ Martin Guntermann, Geschäftsführer des Bonifatiuswerks

▲ Ministerin Martina Münch im Gespräch mit Bischof Wolfgang Ipolt

Superintendent Schürer-Behrmann: Klöster sind als Biotope des Glaubens quasi Gewächshäuser der Hoffnung. Dass nun die Mönche hierhergekommen sind in eine Gegend, wo viele auch weggehen, ist auch ein Zeichen der Freude und Hoffnung. Dass unsere Gegend nicht gottverlassen ist, dafür sind sie nun ein Zeugnis. Mein Wunsch für dieses Kloster für die kommenden zehn Jahre wäre ein offenes Haus, wo auch viele evangelische Menschen in wachsender Gemeinschaft am klösterlichen Leben teilhaben können. Letztendlich auch, damit Glaube, Liebe und Hoffnung in dieser Region weiter wachsen.

Pater Simeon: Wir verbinden mit Kloster Neuzelle eine wirklich große Hoffnung. Ob unser Glaube und unsere Liebe groß genug sind, das wird sich zeigen. Klar gibt es hier und dort Widerstände und nicht alles liegt in unserer Hand. Diese Erfahrung macht jeder in seinem Leben. Aber es ist sicherlich ein Werk der Gnade, wenn es gelingt. Wir können nur als Menschen unsere Kraft zur Verfügung stellen und darauf vertrauen, dass der liebe Gott uns beisteht. Wir haben keine Angst und müssen das alles in größter Freiheit tun. Dabei sind wir zwar flexibel, aber unsere Ordensstatuten geben uns auch bestimmte Regeln vor. Wir können nur nicht auf Dauer in einem Pfarrhaus leben – das ist uns kirchenrechtlich nicht erlaubt.

Abt Maximilian: Ich bin kein Hellseher. Aber es gibt eine gewisse Prophetie, die von der Heiligen Schrift auch begründet ist. Um das Motto der Kartäuser zu zitieren „Stat crux dum volvitur orbis", das heißt: Das Kreuz steht fest, auch wenn die Welt sich im Karussell dreht. Das Kreuz ist der Garant unsere Stabilität und der Anker unserer Hoffnung. Gerade in diesem Zeichen kann auch die Ökumene gut wachsen. Wir sind hier in einer Diasporasituation, wo der Glaube oft eine Neuheitserfahrung darstellt. Die Menschen sollen wieder am christlichen Glauben Geschmack finden. Junge Leute sind in dieser Region für ein alternatives Leben vielleicht eher ansprechbar als im traditionsreichen katholischen Österreich oder Bayern, wo es zwar noch 60 bis 70 Prozent Getaufte gibt, wo aber die Gleichgültigkeit gegenüber dem Glauben sehr groß ist. Ich hoffe, dass Neuzelle ein Leuchtturm und ein geistliches Zentrum wird in einer Zeit großer Veränderungen in Kirche und Gesellschaft.

Bischof Ipolt: Auch ich habe die Hoffnung und die Zuversicht, dass hier eine stabile, geistliche Gemeinschaft entsteht. Die schon erwähnte Brücke nach Polen ist sehr wichtig, denn Effekte der Ausstrahlung unseres Leuchtturms erwarten wir nicht nur in die ostdeutschen Bistümer hinein, sondern auch auf die andere Seite der Oder. Für unser Bistum ist Neuzelle immer ein geistliches Zentrum gewesen, besonders auch durch das frühere Priesterseminar. Einer meiner Vorgänger hat es gern so beschrieben: Das Bistum Görlitz ist wie eine Ellipse – Görlitz und Neuzelle sind die beiden Brennpunkte dieser Ellipse. Der eine ist der Ort der Verwaltung des Bistums und der andere der geistliche Ort. In einigen Jahrzehnten sollte es ganz selbstverständlich sein, dass hier Zisterzienser sind. Vielleicht hat man dann vergessen, dass sie 200 Jahre nicht da waren.

Ministerin Münch: Meine Hoffnung für die kommenden 20 bis 30 Jahre wäre ein fester Ort mit einer Stabilitas loci – ein wachsendes, blühendes, geistliches Zentrum mit großer Strahlkraft, welches die Ökumene ebenso umfasst. Spirituell einerseits, aber auch mit Leuchtkraft für die Stiftung, ihre kulturelle Arbeit und alle anderen Nutzer auf dem Klostergelände versehen. Das scheint mir keine unerfüllbare Vision zu sein, sondern ist aus meiner Sicht realistisch.

▼ Verabschiedung vor dem Pfarrhaus: Pater Simeon, Pater Kilian, Abt Dr. Maximilian Heim, Superintendent Frank Schürer-Behrmann, Kulturministerin Dr. Martina Münch, Bischof Wolfgang Ipolt

Der Initiator:
Bischof Wolfgang Ipolt

„Die Wiederbesiedelung eines Klosters ist ein klares Aufbruchssignal"

„Ich habe als Diakon in Neuzelle mein erstes Kind getauft, weil der Gemeindepfarrer krank war." Als Wolfgang Ipolt 2011 als neuer Bischof seine erste Wallfahrt in Neuzelle feierte, kam nach der Heiligen Messe eine Frau im Rollstuhl auf ihn zu und sagte: „Ich will mich jetzt einmal vorstellen. Sie haben mich 1979 hier als Kind getauft". Das war für ihn eine schöne Überraschung.

„Zum ersten Mal war ich im Herbst 1978 als Student in Neuzelle. Denn hier gab es das Pastoralseminar für einige Diözesen beziehungsweise Administraturen der DDR. Ich habe mich hier mit zwölf anderen jungen Männern auf die Diakonenweihe und die Priesterweihe vorbereitet. Wir Priesterkandidaten wussten, dass Neuzelle ein früheres Zisterzienserkloster war. Aber die ganze Anlage war grau und dunkel – ganz anders als heute. In einem kleinen Flügel des ehemaligen Klosters, der heute zur Stiftung gehört, wohnten wir Seminaristen in kleinen Zimmern", erzählt Bischof Wolfgang Ipolt in seinem Büro im Görlitzer Ordinariat. Zu seinem Semester gehörten zum Beispiel auch der heutige Weihbischof Dr. Reinhard Hauke aus Erfurt und der Erfurter Philosophieprofessor Dr. Eberhard Tiefensee.

„Was uns immer an das ehemalige Kloster erinnerte, war der Speisesaal der Studenten mit dem Abtwappen aus Stuck an der Decke, das auf die Äbte und auf das Leben der Mönche hinwies. Es war der schönste Raum im Priesterseminarbereich." Vormittags hatten Wolfgang Ipolt und seine Kommilitonen auf die Praxis angelegten Unterricht. Sie lernten dabei zum Beispiel, wie man die Sakramente spendet. In der Kirche übten sie das Stundengebet und von der Kanzel der Stiftskirche das Predigen. Am Sonntag wurde zusammen mit der Pfarrgemeinde der Gottesdienst gefeiert und auch in umliegenden Pfarreien, wie Eisenhüttenstadt oder Guben, die wochentags eingeübte Predigt vor den Gemeinden gehalten. „Auch die Anleitung der Jugendgruppen der Pfarrei Neuzelle übernahmen immer einige Studenten. Das war ein schönes Übungsfeld für die künftige Arbeit."

Rückblickend sieht er einen großen Vorteil darin, dass es in Neuzelle wenig Ablenkungen für die angehenden Priester gab. „Zum Einkaufen fuhren wir mit dem Zug nach Frankfurt/Oder – das war immer ein schöner Nachmittagsausflug." Diese letzte Phase der Vorbereitung auf den Empfang der Priesterweihe war wie eine Art Noviziat für uns – viel Zeit und Ruhe zum Überdenken dieses wichtigen Schrittes im Leben."

Bischof Ipolt kann sich nach 40 Jahren noch gut daran erinnern, „dass es in jenem Teil des Klosters, der heute vom internationalen Gymnasium genutzt wird, eine Ausbildungsstätte für Grundschullehrer für die sogenannte Polytechnische Oberschule gab". Aber schon kurz nach der Ankunft in Neuzelle wurde den angehenden katholischen Priestern klargemacht, „keinen Kontakt zu den gleichaltrigen Studenten des Lehrerbildungsinstituts aufzunehmen", weil dies die Schulleitung der dortigen Ausbildungsstätte den angehenden Lehrern streng untersagt hatte. „Es herrschte ein eigenartiges, spannungsgeladenes Verhältnis, weil wir uns natürlich manchmal auf dem Hof zufällig über den Weg liefen. Auch gab es Begegnungen in der Gaststätte Klosterklause, wo es dann auch zu Diskussionen über Religion, Gott und Glauben kam – Gespräche, die angesichts der marxistisch-leninistischen Positionen vieler angehender Lehrer durchaus kontrovers verliefen."

In der DDR war Neuzelle seit 1947 ein wichtiger Ort für die Ausbildung von katholischen Priestern aus dem Gebiet der heutigen Diözesen Berlin, Dresden-Meißen, Erfurt und Görlitz. Aber wenige Jahre nach dem Mauerfall änderte sich das, denn „1993 wurde das Seminar geschlossen, weil wir es einfach nicht mehr brauchten. Die pastorale Ausbildung der künftigen Priester wurde nach Erfurt verlegt." Auch später sei er immer wieder gern nach Neuzelle gefahren. Manches Mal auch in den Ferien, um dort Urlaub zu machen. „In den Jahren nach der Schließung des Seminars habe ich bereits bemerkt, was sich auf dem Gelände und an den Gebäuden alles verändert hat, besonders nach der deutschen Wiedervereinigung."

◀ Bischof Ipolt an seinem Schreibtisch in seinem Görlitzer Büro. Seine Bischofsweihe erfolgte am 28. August 2011.

Familie – Priesterausbildung – Pfarrstellen – Bischofsweihe

Bischof Ipolt wuchs als ältestes von vier Geschwistern in einem Diasporaumfeld im thüringischen Gotha „in einfachen, bescheidenen Verhältnissen" auf. Die Eltern verloren nach dem Zweiten Weltkrieg ihre Heimat und waren sudentendeutsche Vertriebene. Seine Mutter kümmerte sich um den Haushalt und die Kinder. Sein Vater war Gärtner. Einer seiner Brüder wurde sieben Jahre nach ihm Priester. Heute ist er Klinikseelsorger in Jena. Seine zwölf Jahre jüngere Schwester arbeitet in der Altenpflege und der andere Bruder ist Leiter eines Lebensmittelmarktes.

In seiner Kindheit und Jugend wurde er geprägt vom aktiven katholischen Leben, wie der Pfarrjugend, der Ministrantenarbeit und bei der Unterstützung im katholischen Jugendhaus. Hier fand er seine Freunde und viele Gleichgesinnte. „Das war in der Zeit des Kommunismus und der sozialistischen Schule ganz wichtig. Wenn man seinen Glauben bewahren wollte, musste man sich – so wie heute eigentlich immer noch – seine Freunde in christlichen Kreisen suchen." Diese katholische Sozialisation und der gute persönliche Kontakt zu Geistlichen ließen ihn nach dem Abitur seine Berufung zum Priester klar aussprechen. „Vorher hätte ich das nicht so direkt sagen dürfen, sonst wäre mir unter Umständen das staatliche Abitur verwehrt worden." Aus gesundheitlichen Gründen und weil er Priester werden wollte, kam er um die Wehrpflicht in Ostdeutschland sogar ganz herum – im Gegensatz zu seinen Brüdern, die als Bausoldaten zur Nationalen Volksarmee der DDR gezogen wurden. Direkt nach dem Abitur 1972 ging er für ein Jahr nach Schöneiche bei Berlin zum Erlernen von Griechisch und Latein. Dann folgten zehn Semester „Philosophisch-Theologisches Studium an der vom Staat genehmigten kirchlichen Hochschule in Erfurt – die nur einen Zweck hatte, die Priesterausbildung. Heute können dort auch Laien Theologie studieren."

Geweiht wurde Bischof Ipolt im Erfurter Dom 1979, anschließend war er zehn Jahre Kaplan. Zuerst im Eichsfeld – „dort habe ich eine richtige traditionell katholische Gemeinde kennengelernt, mit Brauchtum und vielen Prozessionen". Dann folgten zwei Jahre in der Pfarrei Corpus Christi in Prenzlauer Berg in Ostberlin und die dritte Kaplanstelle

▲ Wolfgang Ipolt bei seiner Priesterweihe 1979

war in der St. Lorenzgemeinde in Erfurt. Es schlossen sich drei Jahre Tätigkeit in der Priesterausbildung als Subregens im Priesterseminar an – in der bewegten Zeit vor dem Mauerfall 1989 bis zum Jahr 1992. „In Erfurt besetzten wir mit unseren Studenten sogar die Stasi-Zentrale. Das waren aufregende Monate für uns alle."

Seine erste Stelle als Pfarrer erhielt Wolfgang Ipolt in der nördlichsten Pfarrei des Bistums Erfurt in Nordhausen am Harz. Hier wirkte er zwölf Jahre, bevor er 2004 erneut in die Priesterausbildung nach Erfurt als Regens, also Leiter des Priesterseminars, wechselte. In dieser Führungsposition erreichte ihn – nach der Wahl des Domkapitels von Görlitz und nach dem Willen von Papst Benedikt XVI. – die Ernennung zum Bischof an die Spitze der mit 29 000 Katholiken kleinsten Diözese Deutschlands.

Die Bischofsweihe erfolgte am 28. August 2011, und schon eine Woche später, so erinnert er sich, „stand ich in Neuzelle am Altar – zur Bistumswallfahrt –, das erste Mal seit vielen Jahren wieder in der Kirche, in der ich meine ersten ‚Gehversuche' als Diakon unternahm".

Hier wurde ihm erneut bewusst, welche Bedeutung Neuzelle für die Gläubigen des Bistums Görlitz hat. „Sie lieben diesen Ort." Seitdem ist er regelmäßig auf dem ehemaligen Klostergelände und in der Stiftskirche in Neuzelle, zum Beispiel bei den jährlichen Wallfahrten der Jugendlichen des Bistums und der Bistumswallfahrt, aber auch bei anderen besonderen Gelegenheiten. Er geht davon aus, „dass sich meine Anwesenheit in den kommenden Jahren noch intensivieren wird".

◀ Bischof Ipolt segnet Pilger in der Neuzeller Wallfahrtskirche

Geistliches Zentrum in Neuzelle

Dass nun in Kloster Neuzelle mit dem Einzug der ersten Zisterziensermönche eine neue Epoche anbricht, ist maßgeblich auf die Idee von Bischof Ipolt zurückzuführen, „weil es mir, seitdem ich hier Bischof geworden bin, schon immer sehr am Herzen lag, dass Neuzelle ein geistliches Zentrum für unser Bistum wird. Ich weiß auch, dass meine Vorgänger schon verschiedene Versuche in diese Richtung unternommen hatten, die leider aus verschiedenen Gründen nicht gelungen sind. Ich wollte es gern noch einmal versuchen, diesem Ort ein besonderes Gepräge zu geben." Und es gab auch einen äußeren Anlass dafür: „Als ich erfuhr, dass die Stiftung Stift Neuzelle im Jahr 2018 ein großes Jubiläum mit vielen Veranstaltungen zur 750-jährigen Gründung von Kloster Neuzelle feiern wollte, dachte ich sofort: Das ist wie ein Kairos für einen neuen Anfang. Wenn man diese Gelegenheit verpassen würde, wäre das sehr schade. Ich hielt das bevorstehende Jubiläum für einen historischen Moment, durch den Gott uns sozusagen einen Wink gab. Ein solches Jubiläum zu feiern ohne lebendige Mönche, das schien mir nicht passend oder einfach zu wenig."

Auch die Vertreibung der Zisterzienser vor 200 Jahren im Kontext der Säkularisation des Klosters 1817 war für ihn eine Motivation, aktiv zu werden. Außerdem mag es auch für den Bischof eine Rolle gespielt haben, dass es im Bistum Görlitz bisher kein größeres Kloster gibt. „Zwar leben in der Stadt Görlitz zwei Franziskaner und im Bistum gibt es

▼ Abt Maximilian Heim, Martin Guntermann, Geschäftsführer des Bonifatiuswerkes, und Bischof Ipolt auf dem Klosterplatz in Neuzelle

kleinere Schwesternkonvente – aber einen kontemplativen Orden, den haben wir bisher nicht."

So nahm er schriftlich Kontakt mit Maximilian Heim, dem Abt des Zisterzienserklosters Heiligenkreuz, auf und trug ihm seine Ideen mit der Frage vor, ob es für ihn denkbar wäre, dass 2018 wieder Mönche in Neuzelle beten und arbeiten. Er wusste, dass sein Zeitplan sehr ambitioniert war, wenn tatsächlich im äußersten Osten der Republik wieder ein Konvent mit realem Klosterleben neu entstehen sollte. Noch Anfang 2017 wollte er „ein konkretes Datum nicht nennen" und verwies auf wichtige Gespräche und Verhandlungen mit der Stiftung Stift Neuzelle sowie dem zuständigen Kulturministerium in Potsdam, „da wir ja als katholische Kirche und als Bistum nicht Eigentümer der Gebäude sind". Aber schon damals ging er davon aus, „dass alles zur Jahresmitte 2018 gelingen wird, auch wenn die Räume für das Kloster noch nicht fertig und viele bauliche Voraussetzungen bis dahin noch offen sind".

Natürlich sind für Bischof Ipolt die finanziellen und ideellen Unterstützungen für das Vorhaben sehr wichtig. So hat er bereits in einem frühen Stadium von anderen Diözesen in Deutschland sowie „in der Bischofskonferenz von mehreren bischöflichen Mitbrüdern sehr positive Zeichen empfangen. Viele freuten sich mit uns – auch weil durch diesen Schritt ein neuer Aufbruch im Osten Deutschlands möglich werden sollte. Ich weiß ja, dass ebenso andere Diözesen in Heiligenkreuz um so eine Neu- oder Wiedergründung angefragt, gebeten und dann aber eine Absage bekommen haben."

In mehreren Treffen, bei Telefonaten und Gesprächen mit Brandenburgs Ministerin für Wissenschaft, Forschung und Kultur, Dr. Martina Münch – die in Personalunion auch Vorsitzende des Stiftungsrates der Stiftung Stift Neuzelle ist – machte der Bischof unmissverständlich klar: „Die Mönche wollen das Kloster nicht wieder in Besitz nehmen. Darum geht es uns nicht. Die Stiftung bleibt Eigentümer. Wir wollen mit der Ordensgemeinschaft das Kloster innerlich mit Leben füllen." Zur Frage der zukünftigen Klausur und Unterbringung des Zisterzienserordens führt der Bischof regelmäßig mit Ministerin Münch Gespräche. „Ich bin da sehr zuversichtlich, dass wir – vielleicht nicht gleich im nächsten Jahr – zu einer guten Lösung kommen. Und zwar in einem Bereich des ehemaligen Klosters, wo die Mönche und der Konvent wirklich gut leben und auch Gäste empfangen können. Vielleicht ist es ein Anfang eigener Art. Als Bischof von Görlitz konnte ich den Brüdern des Zisterzienserordens kein fertiges Kloster hinbauen. Das wollten sie letztendlich auch nicht. Denn sie haben immer zu mir gesagt, dass sie diesen Anfang auch aktiv mitgestalten wollten."

Bei den Umbauten und notwendigen Renovierungen und Sanierungen sieht der Görlitzer Bischof auch das Land Brandenburg in der Pflicht: „Es gibt mit Blick auf die Ge-

▲ Pater Kilian, Bischof Ipolt, Ministerin Münch, Abt Maximilian, Pater Simeon im Potsdamer Landtag

bäude Verpflichtungen, die das Land Brandenburg und die Stiftung haben. Doch sowohl das Stift Heiligenkreuz wie auch wir vom Bistum Görlitz haben signalisiert, dass wir uns ebenfalls finanziell beteiligen, wenn es um den Ausbau geht – da wollen wir uns nicht schadlos halten."

In kritischen Zeiten sind die Pläne und bisherigen Umsetzungen mit Blick auf Kloster Neuzelle auch kirchenintern sehr wichtig. Die zunehmenden Kirchenaustritte oder die Missbrauchsskandale, um deren Aufklärung sich die Kirche intensiv kümmern musste, waren in den vergangenen Jahren sehr dominant. „Unsere Kirche hat im Augenblick viel mit Abbrüchen, Abbau und Aufarbeitung zu tun. Nicht nur hier im Osten verkleinern wir uns momentan personell. Umso wichtiger ist es für unsere kleine Ortskirche, wenn durch die Wiederbesiedelung eines Klosters ein klares Signal des Wachstums des Glaubens in unserer Zeit zu sehen ist."

Entscheidung in Heiligenkreuz
Bevor die Entscheidung in Heiligenkreuz getroffen wurde, tatsächlich mit einer kleinen Gruppe von Mönchen nach Neuzelle zu gehen, war Bischof Ipolt einige Male im

Kloster im Wienerwald. „Ich habe ihnen in Österreich viel erzählt von Brandenburg und deutlich gemacht, dass dieser Anfang eine neue Erfahrung in einer ‚anderen Welt' werden wird. Brandenburg hat keine katholische Prägung wie Österreich, es ist die Gegend in Deutschland, in der die wenigsten Christen leben. Hier bedarf es einer eigenen Sensibilität für die säkulare Umwelt, aber auch des Mutes zu einem eindeutigen Zeugnis des Glaubens und in diesem Fall des Ordenslebens." Deshalb ist sich Bischof Ipolt sicher, dass bei der Neugründung nur Brüder mitwirken werden, die schon die ewige Profess und innere Stabilität für eine solche Gründung haben.

▲ Kloster Sankt Marienstern in Panschwitz-Kuckau

Der seelsorgliche Austausch mit den beiden Zisterzienserinnen-Klöstern Sankt Marienstern und Sankt Marienthal in Sachsen (sie befinden sich im Bistum Dresden-Meißen) ist sicher bei der Entscheidung des Stiftes Heiligenkreuz, nach Neuzelle zu gehen, auch ein Grund gewesen, sich auf die Reise zu machen. Und die Brücke in das katholische Nachbarland ist wichtig. „Ich habe Abt Maximilian auch sehr darum gebeten, einen Pater zu schicken, der die polnische Sprache beherrscht. Das hat er mir auch versprochen. Denn durch die offene Grenze nach Polen kommen auch Gruppen von Gläubigen aus unserem Nachbarland und da braucht es jemanden, der in ihrer Sprache Gottesdienst feiern kann und auch für das seelsorgliche Gespräch zur Verfügung steht."

Doch was können die Mönche hier im Osten Brandenburgs konkret tun? Welche Aufgaben haben die Zisterzienser? „Die Mönche haben mir dieselbe Frage gestellt", gibt Bischof Ipolt zu und verweist zuerst auf die Pfarrseelsorge in Neuzelle sowie zukünftig auch in Eisenhüttenstadt – „das sind kleine Gemeinden, das können sie gut leisten. Außerdem soll einer der Mönche in den schulischen Religionsunterricht einsteigen", zum Beispiel in der integrativen katholischen Grundschule in Neuzelle, wo seit dem Schuljahr 2017/18 bereits ein Pater als Lehrer arbeitete. „Eventu-

▶ Wolfgang Ipolt bei seinem Silbernen Priesterjubiläum 2004

ell stößt unser Angebot, im Rahmen des Ethik- und Religionsunterrichtes mitzuwirken, noch auf Interesse bei den christlichen Schulträgern", hofft Bischof Ipolt.

„Ich könnte mir auch vorstellen, dass die Mönche einen kleinen Gästebereich aufmachen, so dass interessierte Menschen bei ihnen aufgenommen werden können, Menschen die ein, zwei Tage oder eine Woche in der Stille verbringen und mitbeten wollen. Das gehört zur benediktinischen Lebensweise. Der heilige Benedikt formuliert in seiner Regel, dass die Gäste wie Christus aufgenommen werden sollen." Auch ist es für den Bischof denkbar, dass sich die Ordensmänner zukünftig aktiv bei einigen touristischen Angeboten einbringen, „zum Beispiel ein Konzert organisieren, sich an den Führungen durch das Kloster beteiligen oder das Bildprogramm der Stiftskirche mit seinen anspruchsvollen theologischen Inhalten den Besuchern sachkundig erklären. Da braucht es immer Leute, die das mit einer theologischen Kompetenz und Feingefühl für die Fragen der Menschen auch können."

▼ Pater Simeon, Abt Maximilian, Bischof Ipolt und Pater Kilian vor dem Portal der Kirche St. Peter und Paul in Potsdam

Die Kirche ist offen

Kloster mit Mönchen wird strahlen

Rechnet Bischof Wolfgang Ipolt bei seinem Vorhaben der monastischen Wiederbesiedelung von Kloster Neuzelle nicht mit Widerständen von kirchenfernen, kritischen Kreisen, die es hier im „roten Brandenburg" schon historisch seit Jahrzehnten gibt? „Auch ich bin im Osten groß geworden und stamme gebürtig aus Thüringen. Von daher meine ich ganz gut die Mentalität hier zu kennen. Nach meiner derzeitigen Erfahrung gibt es hier im Osten Deutschlands keinen größeren Widerstand gegen diesen Neuanfang in Neuzelle. Sicher, es gibt eine große Unwissenheit. Die Kirche ist etwas Fremdes. Viele Menschen können mit den Dingen, die die Kirche tut oder die sie sagt, wenig anfangen. Aber sie sind uns gegenüber nach meinem Eindruck nicht direkt ablehnend eingestellt. Wenn der Anfang in Neuzelle gut gelingt und wir auch erklären können, was ein solches Leben im Kloster bedeutet, wozu Mönche überhaupt da sind, wenn wir den Menschen in der Region zu diesem Verständnis helfen, ihnen offen begegnen und Brücken bauen, dann glaube ich, werden die Widerstände nicht allzu groß sein. Dass es Menschen gibt, die das mehr mit Distanz betrachten, dafür habe ich volles Verständnis. Manch einer wird zunächst nur Zuschauer aus der Ferne sein. Das Kloster soll jedoch durch seine Präsenz ausstrahlen. Mönche sind Menschen, die man aufsuchen kann, die Zeit haben für ein Gespräch. Man kann ihnen begegnen. Man kann ihnen Fragen stellen, wenn man das möchte. Ich habe ihnen das auch vor ihrem Aufbruch nach Neuzelle gesagt: dass ich mir wünsche, dass sie auskunftsfähig sind, und auch willig, die Fragen der Menschen, die zu ihnen kommen, zu beantworten und mit ihnen nach einem Sinn für ihr Leben zu suchen – natürlich aus der Perspektive, aus der wir als Christen leben. Die Suche nach den spirituellen Quellen nimmt zu, das sehen wir überall. Natürlich, wir sind als Kirche in Ostdeutschland nicht immer die ersten Gesprächspartner, wenn es um Sinnsuche geht. Da gibt es inzwischen auch andere ‚Anbieter‘. Aber dennoch glaube ich, dass wir nicht das schlechteste Angebot haben. Das Evangelium ist für alle Zeiten ein kostbarer Schatz, den man nur entdecken muss. Und das kann auch heute und hier gelingen. Ich wünsche den Mönchen, dass sie dafür das rechte Empfinden für die Menschen und auch die nötige Kreativität haben. Dafür braucht es viel Heiligen Geist!"

▲ Bischof Ipolt im Interview mit dem Deutschlandfunk (DLF-Kultur)

Die Hoffnungen und Wünsche von Bischof Ipolt scheinen bisher in Erfüllung gegangen zu sein. Niemand sprach bisher davon, dass die katholische Kirche nun wieder „aufrüstet". Auch in den überregionalen Medien findet die Wiederbesiedelung ein positives Echo. „Schon kurz nach der Ankunft der Mönche im Spätsommer 2017 habe ich gespürt, dass die Menschen in Neuzelle sich ebenso gefreut haben, wie wir Katholiken im Bistum Görlitz als die Mönche eintrafen. Sie hatten vorher viel in Zeitungen gelesen, im Radio oder Fernsehen davon gehört. Und jetzt waren endlich lebendige Gesichter zu sehen!"

Der Kenner: Dr. Winfried Töpler, Historiker und Archivar

„Ich bleibe lieber ganz dicht an den Quellen, bei der greifbaren Geschichte und den Fakten"

▲ Archivar Winfried Töpler an seinem Arbeitsplatz im Bischöflichen Ordinariat in Görlitz

„Ich bin in Neuzelle groß geworden und hier zur Schule gegangen", erzählt Dr. Winfried Töpler, ein äußerlich unauffälliger Mann, nicht allzu groß, mit Brille und leicht zurückgehendem weißen Haaransatz. Seine Eltern kamen aus Schlesien als Kriegsflüchtlinge nach Neuzelle: seine Mutter unmittelbar nach Ende des Zweiten Weltkrieges 1945, sein Vater etwas später nach Aufenthalt in Sachsen und dem Katechetenseminar in Görlitz. Geboren wurde der studierte Historiker und heutige Ordinariatsrat sowie Leiter des Bistumsarchivs in Görlitz 1962 im nahegelegenen Guben. Töpler gilt heute als einer der profundesten Kenner der Geschichte des Klosters Neuzelle. Doch sein Weg dahin war kein direkter, denn ehe er mit seinen Forschungen und Büchern die Aufmerksamkeit einer breiten Leserschicht erreichte, sollten noch viele Jahre vergehen. Das hat einerseits mit seinem Glauben zu tun und anderseits mit den besonderen politischen Umständen in der ehemaligen DDR.

In der Polytechnischen Schule war Winfried der Klassenbeste. Doch weil er als gläubiger Katholik die in Ostdeutschland obligatorische Jugendweihe ablehnte, durfte er nicht auf die Erweiterte Oberschule, um dort sein Abitur zu machen. Also ging er einen Umweg und nahm eine „Lehre mit Abitur als Facharbeiter für Chemische Produktion" in Schwarzheide auf, die er 1982 erfolgreich abschloss. Hier in Schwarzheide, im Süden Brandenburgs etwa 50 Kilometer nördlich von Dresden, begann sich Winfried Töpler noch als Lehrling erstmals intensiver mit der Geschichte seines Heimatortes zu beschäftigen. Er nahm sich die damalige Festschrift zum 700jährigen Klosterjubiläum vor, die 1968 erschien. Daraus schrieb er alle dort genannten Mönchsnamen heraus und legte eine erste Kartei an.

Eigentlich wollte Winfried Töpler nach seiner erfolgreich abgeschlossenen Lehre Chemieanlagenbau studieren. Doch weil er sich dem 18-monatigen Wehrdienst mit der Waffe in der „Nationalen Volksarmee" (NVA) verweigerte und sich als sogenannter „Bausoldat" mustern ließ, galt er de facto als Wehrdienstverweigerer. Damit war sein Hochschulstudium auch in Frage gestellt. Der damalige katholische Ortspfarrer Neuzelles, Augustinus Schubert, brachte ihn deshalb auf die Idee, Theologie zu studieren. So wurde er erst einmal ins einjährige Vorseminar nach Schöneiche bei Berlin geschickt, wo Latein und Griechisch gelernt werden mussten. „Das fiel mir nicht ganz so leicht, denn Sprachen waren noch nie mein Ding", gibt er offen zu. Vom Berliner Stadtrand ging es für den jungen Mann erst ins thüringische Erfurt, wo er bis zur Zwischenprüfung Theologie studierte, und dann für ein Jahr zur Wallfahrtskirche nach Rosenthal ins Noviziat der Zisterzienser. „Das hat mir viel Freude gemacht. Aber ich merkte, dass Geschichts-interesse allein als Fundament für ein Ordens- und Priesterleben nicht ausreicht. Auch das Geistliche ist sehr wichtig." Mit dieser Erkenntnis nahm er dort seinen Abschied und kam im Dezember 1987 in sein Elternhaus nach Neuzelle zurück. Kurz jobbte er im EKO, dem Eisenhüttenkombinat Ost in Eisenhüttenstadt, „bevor die NVA anklopfte und mich als Bausoldat einzog". Zu dieser Zeit war er mit 26 Jahren schon etwas älter als andere Soldaten seines Spatentrupps in Brandenburg. „Wir bauten in Potsdam, Klietz und Lehnin, ganz in der Nähe des ehemaligen Zisterzienserklosters", erinnert er sich. Seine Armeezeit verkürzte sich durch die politische Wende im Herbst 1989 auf 13 Mo-nate. „Im Dezember 89 hat man uns rausgeschmissen, weil wir als Soldaten in Boxberg streikten – was nur in diesen Wochen nach dem Mauerfall möglich war".

◀ Kinder betrachten ein Schild hinter der Wallfahrtskirche Rosenthal mit der Aufschrift: „Die Lausitz ist der Garten der Mutter Gottes – Rosenthal ist ihr Herz"

▲ Ehemaliges Schüttgebäude der Klosteranlage Altzella bei Meißen. Von diesem heute fast vollständig zerstörten Mutterkloster kamen die Zisterzienser, um Neuzelle zu gründen.

Alles steckte in diesen Monaten im Umbruch und auch für Winfried Töpler kam die Frage auf, wie er seine Bildungskarriere weiterführen könne. Seine alte Leidenschaft für die Historie brachte ihn nun zum Geschichtsstudium an die Freie Universität nach Berlin. Dort gab es mit Kaspar Elm und Winfried Schich bekannte Mediävisten und Professoren, die sich als Forscher zum Ordensleben im Allgemeinen und über die Zisterzienser im Besonderen einen Namen gemacht hatten. Beide wurden später auch die Doktorväter von Winfried Töpler. „Den Gedanken, einmal Geschichte zu studieren, hatte ich ja bereits zu DDR-Zeiten. Als ich mein Theologiestudium abbrach, gab es Überlegungen, dass mich der Benno-Verlag nach Leipzig oder Ostberlin zum Studium schickt. Aber ob ich unter der Aufsicht der DDR-Oberen mit meinen Vorstellungen von Geschichte durchgekommen wäre, mag ich bezweifeln."

Seine Quellen fand Dr. Töpler zum Beispiel im Kirchenbuch in Neuzelle. Dort unterschrieben die Mönche eigenhändig bei Taufen, Trauungen oder Beerdigungen. Weitere Akten fand er bei der Neuzeller Josephs-Bruderschaft oder in den Beständen des Landeshauptarchivs in Potsdam, dem Sächsischen Staatsarchiv in Dresden und im böhmischen Gebietsarchiv in Leitmeritz (heute Litoměřice in Tschechien).

Noch bevor er zum Militär eingezogen wurde, setzte Winfried Töpler seine Forschungen in den Archiven fort. So schaute er sich die Ordensquellen von Kloster Ossegg (heute Osek in Tschechien) an, die es in Leitmeritz gab. Dort bestellte er Ablichtungen, ohne sie gleich direkt mitnehmen zu dürfen. Als er schon in Uniform bei der Armee seinen Wehrdienst ausübte, traf eines Tages ein Brief von der tschechischen Botschaft ein. Seine Offiziere waren darüber ganz konsterniert. Ob sie wollten oder nicht, ihnen blieb keine andere Wahl: Sie gaben dem Soldaten Töpler einen Tag Urlaub, damit er auf der Staatsbank der DDR die Kopien aus dem Archiv bezahlen konnte. Als seine Kameraden auf

▶ Detail aus der Josephskapelle in Neuzelle – Gottvater-Figur mit Engeln

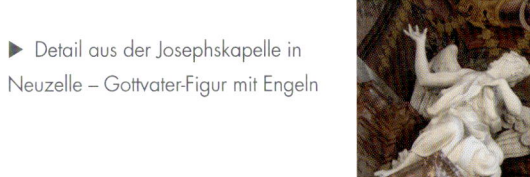

dem Zimmer nach Dienstschluss ihren Hobbys nachgingen, saß er auf seiner Pritsche und versuchte die lateinischen Papiere zu übersetzen. Die Leidenschaft für sein wissenschaftliches Fach, die ihn auch jenseits seiner Dienstzeit im Görlitzer Ordinariat umfassend fesselt, hält bei ihm bis heute an. Vielleicht war dies auch ein Grund, dass er selbst nie dazu kam, eine eigene Familie zu gründen, obwohl er mit fünf Geschwistern groß wurde.

Als Student in Berlin besuchte er nun Vorlesungen der Geschichte, Kunstgeschichte und auch der Theologie an allen drei Berliner Universitäten und genoss die neuen Freiheiten von Lehre und Forschung im wiedervereinigten Deutschland. 1995 schloss er sein Studium mit dem Thema „Der Konvent der Mönche in Neuzelle" ab. Er ging den Fragen nach, wer die Mönche in Neuzelle waren, woher sie kamen, wie alt sie wurden, welche Dienste und Ämter sie innehatten. „Für mich war die Beschäftigung mit Geschichte immer mit einem regionalen Bezug verbunden, also keine bestimmte Zeitepoche, sondern die Geschichte hier in unserem Raum. Das war und ist für mich interessant."

Nach Abschluss seines Studiums kam er nach Neuzelle zurück, von wo mittlerweile das Priesterseminar, aus dem drei Kardinäle und elf Bischöfe hervorgingen, nach Erfurt verlegt wurde. „Es gab damals schon verschiedene Überlegungen, ob sich hier wieder ein Orden ansiedeln kann. Doch weil die Gebäude nicht Eigentum der Kirche sind, haben die Bischöfe dies wieder verworfen. Auch die Idee, ein Institut für Ostdeutsche Kirchen-

geschichte hier einzurichten, verwirklichte sich mangels der Finanzierung nicht. In Bad
Wimpfen in Baden-Württemberg gab es das von den Benediktinern aus Grüssau geführte
Schlesische Bistums-Archiv. Sie sammelten dort alle kirchlichen Akten, die nach 1945 in
Westdeutschland auftauchten. Eigentlich führten sie es stellvertretend für das heutige Bis-
tum Görlitz. Dorthin kam es schließlich einige Jahre nach der deutschen Wiedervereinigung, auch weil die Benediktiner es nicht mehr personell bewältigen konnten. Aber weil
es in Görlitz noch an Archivmöglichkeiten fehlte, gelangte dieser archivalische Bestand
vorerst nach Neuzelle. Winfried Töpler wurde im damaligen Bistumsarchiv vor über 20
Jahren mit dem Auftrag eingestellt, die Archivalien des Schlesischen Bistums-Archivs in
Neuzelle neu zu ordnen und zu sortieren. Parallel dazu begann er seine Doktorarbeit über
die „Geschichte des Klosters Neuzelle".

Forschungen

Winfried Töplers Vorstellungen, die geistliche Konventsgeschichte intensiver zu beleuch-
ten, erwiesen sich als schwierig. Wichtige Quellen waren unauffindbar. „Nach der Aufhebung des Klosters 1817 wurden viele Unterlagen bewusst vernichtet, die uns heute bei
der Bestimmung kunsthistorischer Sachverhalte sehr helfen könnten." Bei seinen Nach-
forschungen fand er dennoch verschiedene Quellen.

Schon 1936 schrieb Paul Urbantzyk seine Dissertation über die Baugeschichte des
Klosters. „Er war für mich ein schlechtes Vorbild. Eine Person, die vorher nie etwas mit
Neuzelle zu tun hatte und auch später nicht mehr im wissenschaftlichen Kontext auf-
tauchte. Er sollte oder musste wohl das Thema bearbeiten – scheinbar ohne Leidenschaft",
wie Dr. Töpler meint. Ein anderer Historiker war Wilhelm Oelmann, der aus Neuzelle

stammt. „Leider gingen viele seiner Unterlagen zum Kriegsende verloren. Er flüchtete nach Westberlin und hat sich vermutlich nicht mehr in die russisch besetzte Zone getraut", vermutet Dr. Töpler. Auf Oelmanns Arbeiten zur Besitzgeschichte des Klosters, zum Beispiel, welches Dorf den Zisterziensern gehörte, konnte er aufbauen. Die Beziehungen zu den weltlichen Herrschern hingegen, bearbeitete erst Winfried Töpler. Er ging den Spuren nach, welche Adligen und weltliche Herren, wie Markgrafen oder Landvögte Einfluss auf das Klosterleben nahmen. Doch auch von Seiten der Kirche gab es von Bischöfen, anderen Äbten oder dem Generalkapitel des Ordens immer wieder Einflussnahmen auf die Geschicke des Zisterzienserklosters in Neuzelle. Daraus entstand Töplers Buch „Das Kloster Neuzelle unter dem Einfluss der weltlichen und geistlichen Mächte", welches im Berliner Lukas Verlag 2003 erschien. Sein kleiner Führer „Ehemalige Zisterzienserabtei Kloster Neuzelle", ein preiswertes Heft im Umfang von 40 Seiten, welches u. a. am Schriftenstand in der Kirche für 3 Euro erworben werden kann, liegt mittlerweile in der 12. Auflage vor und ist sogar in fünf Sprachen, darunter ins Englische, Polnische und Spanische übersetzt worden. Zudem existieren die „Neuzeller Studien" sowie kleinere Publikationen des Neuzeller Heimatkreises, wo Winfried Töpler Forschungsergebnisse von Zeit zu Zeit publiziert. Seine Studienreihe, die er übrigens selbst finanziert, nennt er sein Hobby, denn bei seiner Arbeit im Bistumsarchiv geht es mehr um Quelleneditionen mit Beiträgen rund um Schlesien – meist um die Zeit vor und nach 1945.

Besuch im Bistumsarchiv

Nur wenige Fußminuten vom Görlitzer Bahnhof entfernt liegt Winfried Töplers Arbeitsplatz. Vorbei an der Kathedrale St. Jakobus geht es in die Carl-von-Ossietzky-Straße ins Bischöfliche Ordinariat. Im Souterrain einer alten Gründerzeitvilla hat der Historiker seine Arbeitsräume. An den Wänden hängen diverse Bilder und eine ältere handgemalte Landkarte des damaligen Erzbischöflichen Amtes Görlitz aus den 50er Jahren, deren Pfarreinteilung und Dekanatsgrenzen sich bis zur Errichtung des Bistums Görlitz 1994 geringfügig änderten, auch weil vor 1945 die Grenze zwischen dem Bistum Berlin und dem Erzbistum Breslau noch anders verlief. „Die Bilder an den Wänden habe ich nicht als Zierde, sondern zur Aufbewahrung", erzählt Winfried Töpler. Dennoch hat man im Laufe des Gesprächs den Eindruck, es handelt sich um für ihn wichtige Menschen, die man in den teilweise vergoldeten Rahmen betrachten kann.

Auf Nachfrage erklärt der bischöfliche Archivar die auf den Bildern dargestellten Personen. So ist auf einem Georg Kardinal von Kopp, der von 1887 bis 1914 Fürstbischof von Breslau war, zu sehen. Auf einem anderen kann man Heinrich Förster erblicken, Breslauer

▼ Am 12. Oktober 1268 unterschrieb Markgraf Heinrich der Erlauchte die Stiftungsurkunde für das Kloster Neuzelle – Ausschnitt aus dem Votivbild von 1730 in der Vorhalle der Wallfahrtskirche

Bischof von 1855 bis 1883 und daneben Ferdinand Piontek, der noch in Breslau gewählte Kapitelsvikar und Interimsverwalter des Erzbistums nach dem Heimgang von Kardinal Bertram 1945. „Durch die neuen politischen Grenzen nach dem Zweiten Weltkrieg wurde ihm die kirchliche Verwaltungshoheit für Schlesien entzogen, so dass er nur noch für den Görlitzer Bezirk zuständig war", erklärt Dr. Töpler. Der spätere Schweriner Bischof Heinrich Theissing ist auf einem weiteren Bild zu erkennen. Er war einst Jugendseelsorger und begründete die Neuzeller Jugendwallfahrten. Joseph Ferche, erst Breslauer und später Kölner Weihbischof, Gerhard Schaffran, Weihbischof in Görlitz und später Bischof von Meißen sowie vom Apostolischen Administrator und Görlitzer Bischof Bernhard Huhn, der 1953 in Neuzelle zum Priester geweiht wurde, sind weitere katholische Würdenträger, die in Winfried Töplers Arbeitszimmer hängen. Auch eine Frau ist auf einem der Bilder auszumachen: die 1883 in Görlitz geborene Philosophin, Theologin, österreichische Sozialpolitikerin und Gründerin der Schwesterngemeinschaft „Caritas Socialis" Hildegard Burjan. Sie wurde 2012 seliggesprochen und bald darauf eine neue Glocke der Görlitzer Kathedrale auf ihren Namen geweiht.

An anderen Wänden sieht der Besucher Adolf Kardinal Bertram, den letzten deutschen Erzbischof von Breslau, den bekannten Pfarrer von Neuzelle Florian Birnbach, einen Kupferstich mit einer Karte des Bistums Breslau von 1751 und, ebenso in Kupfer gestochen, den Heiligen Johannes Nepomuk.

▶ Dr. Töpler an seinem Arbeitsplatz im Bischöflichen Ordinariat in Görlitz: im Hintergrund die Bilderwand u. a. mit Bischöfen aus Breslau und Görlitz

46

Auch ein Stahlstich mit der Ansicht des Klosters Neuzelle noch vor der Inbetriebnahme der Eisenbahn ist zu finden. Kloster Neuzelle ist für Winfried Töpler als privater Sammler auch wichtig. Stolz präsentiert er zwei Aquarelle aus seinem persönlichen Besitz: Ein um 1880/90 gemaltes Bild von Otto Günther mit einer Innenansicht aus der Klosterkirche und eine Außenansicht aus den 1930er Jahren vom Klosterportal von Alex Spintzyk, dessen Vater Lehrer in Neuzelle war und der als Soldat im letzten Weltkrieg fiel.

Auf dem Arbeitstisch von Winfried Töpler liegen einige unscheinbare Ordner. Aus einem zieht er das schon leicht bräunliche, verblichene Papier von Schreibmaschinenseiten. Doch es ist mehr als irgendeine Akte: „eine Seelsorgezeitschrift aus einer Zeit, als es offiziell schon gar keine Zeitschriften mehr gab", erklärt Dr. Töpler. Eine „Zeitschrift" waren diese Matrizenabzüge, welche vom Juni 1944 bis zum Januar 1945 in Breslau erschienen, offiziell nicht, sondern „Rundverfügungen an die Herren Dekanatserzpriester", die nun von ihm neu ediert werden. „Auch nach dem Zweiten Weltkrieg wurde vom Sommer 1945 bis 1947 eine ähnliche Zeitschrift herausgegeben, als das Bistum schon unter polnischer Hoheit stand.

Eine „Anordnung eines Requiems zum Tode des Führers" – ohne Unterschrift und weitere Geschäftsanweisungen – ist ein weiteres historisches Zeugnis, welches Dr. Töpler gerade auf seinem Computer-Bildschirm untersucht hat. Die handschriftliche Notiz von Adolf Kardinal Bertram aus den letzten Monaten der NS-Zeit ist unter Fachleuten bekannt, weil sie auch als Beleg für das beschwichtigende Taktieren des Kardinals gegenüber den Nationalsozialisten herangezogen wurde. „Doch dieser handschriftliche Zettel, welcher später sogar als Buchtitel genutzt wurde, ist gar nicht im Mai 1945 geschrieben worden, sondern bereits am 20. Juli 1944", wie Winfried Töpler herausfand. „Anstelle des Originals wurde nur eine Kopie und ohne Quellenbewertung genutzt, und deshalb kamen einige Historiker zu fehlerhaften Schlüssen", erläutert Winfried Töpler.

„Ein anderes spannendes Dokument ist dieser Nachlass eines Lausitzer Priesters", sagt er und weist dabei auf eine weitere historische Mappe mit einem Tagebuch aus dem Jahr 1947 auf seinem Arbeitstisch. Aktuell ordnet er die Predigtvorlagen des Caritasdi-

▲ „Die Mönche von Zelle, die mit abgeschlagenen Händen und Füßen getötet werden", Tinte auf Pergament, 110 x 85 mm, um 1500, ist ein Geschenk von Kardinal Meisner – heute im Görlitzer Bistumsarchiv

▲ Der Neuzeller Abtstab von Bernardus von Schrattenbach (um 1650) kam nach der Aufhebung des Klosters 1821 auf königlichen Befehl an die Berliner Kathedrale und nach 1945 wieder an das Priesterseminar nach Neuzelle. Heute befindet er sich in Görlitz und wird bei besonderen kirchlichen Anlässen von Bischof Ipolt genutzt.

rektors Hans Joachim Wagner und bringt sie in ein System. Hin und wieder kommen auch ältere Dokumente in sein Archiv, wie der historische Bibliotheksbestand der Pfarrei Jauernick.

Zu seinen Aufgaben gehört es ebenso in den einzelnen Pfarreien die kunsthistorisch wertvollen Gegenstände zu inventarisieren. „Einzelne wertvolle mittelalterliche oder barocke Stücke gehören auch zu unserem Archivbestand, wie beispielsweise der Neuzeller Abtstab von Bernardus von Schrattenbach aus der Zeit um 1650. „Der Abtstab kam nach der Aufhebung 1821 auf königlichen Befehl an die Berliner Kathedrale und gelangte nach 1945 wieder an das Priesterseminar nach Neuzelle. Später wurde er zu uns nach Görlitz gebracht. Auch heute noch wird der Stab bei besonderen kirchlichen Anlässen von Bischof Ipolt genutzt."

Ein anderes, historisch sehr wichtiges Werk in seinem Archiv ist ein kleines Original in Tinte auf Pergament, vermutlich aus der Zeit um 1500 mit den Neuzeller Märtyrern. Winfried Töpler glaubt, dass es eine Vorlage oder erste Skizze für ein größeres Wandbild war. In Latein ist dort zu lesen: „Die Mönche von Zelle, die mit abgeschlagenen Händen und Füßen getötet werden." Das ist auch auf dem Bild zu sehen: der Abt mit sechs Mönchen in ihren Kutten. Doch die Ärmel sind leer. Man sieht rote Punkte, dort wo einmal die Hände und Füße waren. Über ihnen ist ein Spruchband mit einem Zitat aus Psalm 36: „Der Frevler belauert den Gerechten und sucht ihn zu töten." Überlassen wurde den Görlitzern dieses erschütternde, authentische spätmittelalterliche Dokument, welches ein Ereignis aus den Zeiten der Hussitenkriege dokumentiert, von Kardinal Meisner, der es auch Kloster Neuzelle zuordnen konnte. Meisner war selbst in jungen Jahren auf dem Priesterseminar in Neuzelle und ein Leben lang, bis zu seinem Tod 2017, ein großer Verehrer der Neuzeller Madonna sowie Freund der Klosteranlage und Förderer der Katholischen Kirchengemeinde Neuzelle. Kardinal Meisner hatte das kleine 110 mal 85 Millimeter große Blatt wiederum von einem Kölner Priester erhalten, der das Original in einem Antiquariat in Österreich aufkaufte und ihm schenkte. Nun gehört es zu den kostbaren Raritäten im Görlitzer Bistumsarchiv von Winfried Töpler.

Quellenlage

„Das Schreiben von Geschichten liegt mir nicht, denn ich bleibe
lieber ganz dicht an den Quellen, bei der greifbaren Geschichte
und den Fakten." Mit Blick auf Neuzelle gibt es für den Historiker
noch viel zu tun, auch weil bis heute viele Quellen fehlen oder sogar bewusst 1817 vernichtet wurden. „Die Kunstgeschichte von
Kloster und Kirche ist so ein Feld", erläutert Winfried Töpler.
Oft weiß man wenig, zum Beispiel über die Maler der Decken-
gemälde. Man fragt sich bis heute, wer die Thematik der Bildpro-
gramme bestimmte. „Was ich in den Kirchenführern beschreibe,
ist eine Rekonstruktion", sagt er und führt die Arbeit der Stucka-
teure in der Kirche an. Man weiß, dass dort Mitglieder der Familie Hennevogel wirkten. „Sie haben aber nichts signiert und es
gibt keine Verträge über ihre Arbeit. Nachgewiesen sind sie nur
als Mitglieder der Bruderschaft in Neuzelle. Theoretisch, wenn es
man ganz eng sieht, gibt es keinen Quellennachweis, dass sie hier
wirklich gearbeitet haben." Gleiches gilt für viele Ausstattungsge-
genstände der Kirche oder die Quellen zur Gründungsgeschichte
von Kloster und Kirche, wo viele Unterlagen bereits bei den Hus-
sitenüberfällen oder im Dreißigjährigen Krieg abhandenkamen. „Die Kirchweihurkunde
lag nachweislich 1817 noch vor. Doch preußische Beamte stuften sie als Makulatur ein.
Sie ging also nicht einfach verloren, sondern wurde bewusst als nicht wertvoll und erhal-
tenswert eingestuft", hält Dr. Töpler resigniert fest. Offensichtlich habe man vor über 200
Jahren nur auf die Rechts- und Grundstücksverträge geschaut – alles andere war für die
Beamten unwichtig. „Bei vielen Gesetzen und Landesbeschlüssen, die neues Recht setz-
ten, passierte viel Unrecht, wie beim Reichsdeputationshauptschluss, wo den Landesher-
ren erlaubt wurde, die Klöster zu enteignen. Hier in Neuzelle sollte der Staatsvertrag vom
Wiener Kongress zur Wirkung kommen, der besagte, dass die geistlichen Stifte bestehen
bleiben sollen", erläutert Dr. Töpler. Er fand während seiner Forschungen heraus, dass die
preußischen Beamten „die Stiftung als Stift nicht aufhoben, sondern dieser nur einen neu-
en Zweck gaben". Der ursprüngliche Stiftungszweck des Klosters Neuzelle im Jahr 1268
war auf das Seelenheil der verstorbenen Gemahlin Agnes des Stifters Markgraf Heinrich
ausgerichtet. Dafür sollten die Mönche täglich beten und zum Wohle der Bevölkerung
segensreich wirken. Diese Wandlung des Stiftungszweckes ist für Winfried Töpler eine
Gratwanderung, mit der Preußen das Kloster unter seine Kontrolle brachte, ohne die internationalen Verträge zu verletzen.

▲ Personifikation der Liebe, Teil der
Kanzelbekrönung

Akten

Das Kloster bot über Jahrhunderte in einer eigenen Schule kostenlose Bildung an. Im 18. Jahrhundert gab es sogar eine eigene Mädchen- und eine separate Jungenschule sowie ein Gymnasium. „Sicher waren die Bildungsangebote nicht staatsneutral, wie wir es heute kennen – sondern es waren Klostereinrichtungen, die von Mönchen als katholische Schulen geführt wurden. Hier in Neuzelle konnte dank der Mönche jeder lesen und schreiben. Verträge mit drei Kreuzen, weil man seinen Namen nicht schreiben konnte, habe ich in den historischen Quellen aus der Klosterzeit bisher nicht gefunden, erst aus dem 19. Jahrhundert." Zu den Schulen der Mönche hat Winfried Töpler bisher keine nennenswerten Unterlagen entdeckt: „Hier ist alles verloren gegangen oder ganz bewusst vernichtet worden." In Potsdam kann man bis heute den alten Katalog des Archivs der Mönche einsehen. Hinter den Eintragungen stehen vier verschiedene Kürzel: 1. „für die Kirche bestimmt"; 2. „für das Archiv bestimmt" – das waren alle mittelalterlichen Urkunden und Rechtsverträge, die man als wichtig ansah; 3. „kommt zum Gericht" – in diesem Fall nach Frankfurt/Oder, wo sich die Spur der Akten 1945 verliert; sowie 4. „Makulatur". „Das war leider das am meisten benutzte Zeichen hinter den Katalogeinträgen. Diese Akten waren kurz nach der Auflösung des Klosters für die Beamten, die im Auftrag Preußens handelten, offensichtlich ohne Wert, also Altpapier und kamen in die Papiermühle. Man versuchte, möglichst viel aus dem Kloster herauszuholen. Eine Akte in die Papiermühle zu geben, bringt finanziell eben mehr, als sie aufzubewahren", stellt Dr. Töpler nüchtern fest.

Auch dem Inventar in der Klausur des Klosters erging es nicht besser. „Nur was sich in der Kirche befand, blieb dort, denn die Klosterkirche wurde zur katholischen Pfarrkirche, und damit fielen diese Gegenstände in die Obhut des Pfarrers. Und nur weil das Heilige Grab in der Kirche als sakraler Gegenstand benutzt wurde, blieb es erhalten. Hätte es in der Klausur gestanden, dann hätte man diese wertvollen barocken Kulissen mitgenommen und als Brennholz verkauft." Als er die Inventarisierungsprotokolle sichtete, wunderte sich Winfried Töpler, dass es in der Klausur nur wenige Kunstwerke gab. Er vermutet: „Eventuell hat man manches vorher schnell in die Kirche gebracht." Andere Sachen gelangten nach der Versteigerung wieder in den Besitz der Kirche. Den wertvollen Paramentenstoff haben die preußischen Beamten direkt dem Pfarrer ausgehändigt. Einige sakrale Gegenstände mussten auf königlichen Befehl

▼ Blick in den Kreuzgang des Klosters Neuzelle

hin die Kirche verlassen, wie wertvolle Kelche oder der Abtstab. Letzteren durfte der Pfarrer nicht benutzen, also wurde er eingezogen. Eine Reihe sakraler Gegenstände befindet sich heute in Berliner Sammlungen, in Münster oder im Görlitzer Bistumsarchiv.

Garten und Stiftsatlas

„Die barocke Anlage des Gartens baut auf eine ältere Anlage, die um 1650 nach dem Dreißigjährigen Krieg errichtet wurde, auf", erklärt Winfried Töpler bei einem Rundgang durch den tiefer gelegenen kleinen Landschaftspark. Ausbau und Rekonstruktion sollen in den kommenden Jahren erfolgen. Winfried Töpler kennt Grundrisszeichnungen von 1739, „wo der Garten noch einfacher gestaltet war. Und dann gibt es die Zeichnungen aus dem Stiftsatlas, die viele Details zeigen." Der Stiftsatlas ist ein wichtiges originales Zeugnis aus der barocken Klostergeschichte. Er wird heute in der Berliner Staatsbibliothek verwahrt und hat eine spannende Geschichte. „Kurz nach der Klosteraufhebung verschwand er. Dann tauchte der Atlas 1912 in München auf und ist dann von der Staatsbibliothek mit Mitteln der Neuzeller Stiftung aufgekauft worden", weiß Dr.

▼ Blick in den barocken Garten hinter der Klosteranlage in Neuzelle

Töpler zu berichten. Zurzeit wird überlegt, ob ein Reprint angefertigt und das Original in Neuzelle zum 750-jährigen Gründungsjubiläum präsentiert werden kann. Der zweibändige Stiftsatlas ist über mehrere Jahre entstanden und wird auf 1760 datiert. In ihm kann man auf Zeichnungen das Kloster aus allen vier Himmelrichtungen sehen sowie den Grundriss sehr detailliert betrachten. Zudem ist die Klosterherrschaft, jedes Dorf und die böhmische Ordensprovinz auf einer Landkarte bis nach Südmähren dargestellt.

Die Baugeschichte und Äbte

Die Einmaligkeit von Kloster Neuzelle besteht natürlich in der barocken Pracht. Diese Perioden haben andere Zisterzienserklöster in Brandenburg wie Chorin oder Lehnin nie erlebt, weil sie bereits kurz nach der Reformation im 16. Jahrhundert aufgehoben wurden. Aus diesem Grund kann man diese Klöster, auch wenn derselbe Orden dahintersteht, nicht miteinander vergleichen und man muss nach Böhmen und Österreich schauen. „Die dortigen Klosteranlagen wie Ossegg oder Heiligenkreuz sind wesentlich größer und man sieht, dass Neuzelle ein relativ kleines und bescheidenes Kloster ist", berichtet Winfried Töpler. Dabei verweist er vom Innenhof aus auf Baudetails in Neuzelle, wie die Lisenen und das Putzband oder fehlende Pilaster und Gesimse am Kanzleigebäude. „Für ein Kloster, welches sich als weltliche Herrschaft präsentieren will, ist diese Gestaltung hier in Neuzelle recht bescheiden. In Böhmen sind das Häuser von Großbauern. Aber

▶ Wirtschaftsgebäude des ehemaligen Zisterzienserklosters Chorin

für Brandenburger Verhältnisse ist es ein fürstliches Haus", erklärt er. Die große Besonderheit Neuzelles sei die Kirche, weil die Landschaft auf das Gotteshaus hin geordnet wurde, wie zum Beispiel die große Allee. „Da habe ich bisher kein passendes Vergleichsbeispiel gefunden. Es gibt Klöster wie Salem am Bodensee, wo eine Achse von drei Kilometern durch die Landschaft geschlagen wurde. Aber ihr Ziel war der Prälatenbau, wo der Prälat als Fürst residierte, und nicht die Kirche ", sagt Dr. Töpler. In Neuzelle gibt es keinen Prälatenbau. „Der Abt in Neuzelle war der erste Standesherr in der Niederlausitz und damit der bedeutendste Lokalfürst. Doch wo wohnte er? In der Klausur bei den anderen Mönchen. Am Geld kann es nicht gelegen haben. Dieses Zeichen der Zurücknahme an Repräsentativem ist wohl geistlich zu verstehen."

▲ Mariensäule im Witschaftshof des Klosters Ossegg

Das Kloster wurde im Laufe seiner Geschichte von den ihm vorstehenden Äbten geprägt. „Manche haben nur kurz regiert – andere sichtbare Spuren hinterlassen, wie Abt Martinus Graff, der heute als großer Bauherr bekannt ist. Aus der Zeit von Gabriel Dubau stammt der große Garten und in der Ära von Edmundus Pietschmann das Gymnasium, welches damals in der Klausur eingerichtet wurde. Abt Eugenius Haumann, der von 1685 bis 1695 regierte, schuf die wirtschaftlichen Grundlagen für die spätere Blüte des Klosters. Doch sein Name ist vielen heute nicht mehr so präsent", weiß Winfried Töpler.

Die Baugeschichte in Neuzelle ist für ihn, den Experten, ein bewusstes Zeichen des Festhaltens der Zisterziensermönche am Alten und Bewährten. „Wären hier Benediktinermönche gewesen, hätten diese im 18. Jahrhundert die Kirche abgerissen und neu gebaut. Bei fast allen Kirchen der Zisterzienser steckt der mittelalterliche Bau noch hinter der barocken Fassade. Auch wenn man in Neuzelle den gotischen Bau im Inneren nicht mehr sieht." Von außen ist das gotische Dach oder der mittelalterliche Turm gut zu erkennen. „Das ist auch eine Besonderheit in Neuzelle, denn nach den Ordensvorschriften war ein Turm nicht erlaubt." Einen Grund sieht er in der ursprünglichen Hallenkirche mit dem Langhaus. „Normalerweise wurden Basiliken errichtet, mit einem Querhaus und Glockenreiter in der Vierung." Jakobus Mladek aus dem nordböhmischen Teplitz könnte der Architekt gewesen sein, der auch einige Sandsteinfiguren wie die Putti vor der Kirche schuf. „Er hat sich auf den Figuren verewigt, die vor dem Portal stehen."

Auch die Innenausstattung der Kirche bildet ein großes Ganzes, obwohl sie aus verschiedenen Zeiten stammt und von verschiedenen Künstlern und Handwerkern geschaffen wurde. „Nach der Wende bin ich mit meinem Trabbi mehrfach von Barockkirche zu Barockkirche in Deutschland, Österreich und Tschechien gereist und war doch etwas

▲ Hinweisschilder in Neuzelle

▼ Dreifaltigkeitssäule im inneren Stiftshof von Heiligenkreuz

enttäuscht, als ich nichts Vergleichbares zu Neuzelle fand." Seine Suche nach Vorbildern blieb bisher erfolglos. Gleiches gilt auch für Nachfolgebauten. „Dazu liegt Neuzelle auch zu abgelegen und in einer protestantischen Umgebung. Wer sollte sich da an einem katholischen Bau orientieren?", fragt er. „Die Dorfkirche in Bomsdorf oder einige kleinere Kirchen jenseits der Oder haben eine barocke Ausstattung – aber ob da tatsächlich Neuzelle als Vorbild stand, ist nicht sicher."

Katholische Gemeinde

Die Katholische Kirchengemeinde wurde 1817 nach Aufhebung des Klosters auf königlichen Befehl errichtet. Damit war eigentlich die ehemalige Klosterkirche auch Eigentum der Gemeinde. „Nur die Baulast war bei der Stiftung, die sich aber im Laufe der Zeit ebenso als Eigentümerin sah", stellt Dr. Töpler fest. Die Evangelische Kirchengemeinde wurde erst am 4. Januar 1818 zusammen mit dem Lehrerseminar aus der Taufe gehoben. Der Direktor des Lehrerseminars war zugleich der evangelische Pfarrer. Die Ämtertrennung fand erst 1867 statt.

Doch das Kloster gewährte nicht nur freien Schulunterricht, sondern betrieb auch ein Hospital für Kranke. Dort waren auch immer zwölf Schüler tätig, für die es ein eigenes, kostenfreies Internat gab. Nach der Klosterauflösung kamen die katholischen Pfarrer und erklärten ihre Bereitschaft, diesen caritativen Dienst weiterzuführen. Kinder aus der Diaspora konnten in jenen Jahren anfangs bei Familien im Ort leben, bevor ein Kinderheim seine Arbeit aufnahm. Die Waisen- und Kommunikantenanstalt wurde anfangs im ehemaligen Kutschstall gegenüber dem Pfarrhaus eingerichtet. Letzteres diente einer einjährigen Vorbereitung der Kinder auf den ersten Empfang der Heiligen Kommunion. Pfarrer Florian Birnbach (1801–1873) sammelte dafür Gelder und legte sie für etwa vier Prozent so gut an, dass nach seinem Tod aus diesen Mitteln die St.-Florian-Stiftung ins Leben gerufen werden konnte. Die staatlichen Behörden blockierten jahrelang einen Neubau in erreichbarer Nähe. So zog man 1904 vom Klosterareal weg auf den jenseits der Straße befindlichen Hügel in die Frankfurter Straße und baute das noch heute bestehende Gebäude.

Im 19. Jahrhundert war das St.-Florian-Stift das erste Schwesternhaus in Brandenburg. Die Grauen Schwestern aus Schlesien führten das Kinder- und Altenheim mit angeschlossener Landwirtschaft. Leider gingen die gut angelegten Gelder von Pfarrer Birnbach 1923 bei der Inflation verloren. Aber mit Unterstützung des Breslauer Erzbistums und dank der eigenen Ländereien konnte das St.-Florian-Stift diese existenzbedrohende Zeit überstehen. Anstelle der Grauen Schwestern, die sich vor allem der Kranken- und Altenpflege widmeten, arbeiteten in den Folgejahren Schulschwestern, die sich auf die Führung von Schulen konzentrierten. Aus Berlin und dem Umland kamen nun neben den Waisenkindern auch schwererziehbare Kinder und Jugendliche, die hier betreut werden sollten. „Die Kindererziehung ging bis in die 70er Jahre des vorigen Jahrhunderts. Bis die DDR-Oberen reglementierend eingriffen, weil der Staat die Familien mehr kontrollieren wollte. Dann erfolgte die Umstellung auf kranke Kinder – für die war in den Augen des Staates die Kirche noch immer gut genug", bemerkt Dr. Töpler sarkastisch. Mit der deutschen Wiedervereinigung kam ein erneuter Richtungswechsel, weil es nun nicht mehr nur um die Betreuung dieser Kinder, sondern auch deren Beschulung ging. Mittlerweile gibt es in Neuzelle eine integrative Grundschule. Die St.-Florian-Stiftung mit Behinderteneinrichtungen und Schule – unter der Rechtsaufsicht des Bistums Görlitz und Verwaltung des Caritasverbandes – ist einer der größten Arbeitgeber im Ort.

▲ Jakobus Mladek aus dem nordböhmischen Teplitz schuf die Sandsteinputten, die heute vor der Kirche stehen

DDR-Zeit

Durch sich wandelnde Funktionen wurde 1821 das katholische Pfarrhaus auch baulich verändert. „Im 19. Jahrhundert hatte der Pfarrer, ganz im Unterschied zu heute, eine standesgemäße Verwaltung mit Haushälterin, zwei Kaplänen und Lehrern." Ab 1920 war das Untergeschoss des Pfarrhauses eine Schule. „Das war ein Problem zu DDR-Zeiten, denn 1958 wollte man den Pfarrer rausschmeißen. Er bekam von der Ortsgemeinde eine Kündigung. Er solle aus dem Schulhaus ausziehen. Aber kirchlicherseits machte man den staatlichen Verantwortlichen klar, dass nicht der Pfarrer im Schulhaus wohne, sondern die Schule im Pfarrhaus eingerichtet worden war."

Die kirchenfeindliche Politik der DDR-Ideologen hatte natürlich Einfluss auf das Leben im ehemaligen Zisterzienserkloster. „Wenn man es einfach sagen soll, dann war es so: Was innerhalb der Kirchenmauern passierte, blieb relativ unberührt", erklärt Winfried Töpler. „Aber natürlich standen nicht nur die Wallfahrten unter Beobachtung." 1955 wurde von der DDR die alte, 1817 gegründete Stiftung aufgelöst und staatliche Verwaltungen übernahmen ihre Arbeit. Immerhin begann der Staat mit der Sanierung und Beseitigung der Kriegsschäden. Aber die Wälder gingen an die Staatlichen Forstbetriebe der DDR, die Seen an die Staatliche Binnenfischerei der DDR und die Felder wurden einer LPG übertragen. Aus dem Stiftsgut machte man ein sogenanntes Volksgut der DDR und die übrigen Gebäude wurden von nun ab von der Ortsgemeinde verwaltet. Erst durch den Einigungsvertrag gab es eine Korrektur der in der DDR-Zeit vorgenommenen willkürlichen Verwaltungsakte. Heute verfügt die staatliche Stiftung Stift Neuzelle über 9 000 Hektar Wald. Aber vor der DDR-Zeit waren es noch 60 000 Hektar. „Wo blieb die Differenz? Im Schlaubetal gehören die Wälder noch zu 50 Prozent dem Staat. Da ist nur ein Bruchteil zurückgegeben worden", hält Winfried Töpler fest. Auch aus diesem Grund sind die Mittel der Stiftung begrenzt, und sie kann nicht aus eigener Kraft die notwendigen Restaurierungsarbeiten im Kloster tragen. Zusätzliche Gelder kommen vom Land Brandenburg, vom Bund und der EU.

Aktuelle Arbeitsschwerpunkte

Woran arbeitet der Historiker Winfried Töpler mit Blick auf Kloster Neuzelle gerade? „Momentan an der Aktualisierung der Kirchenführer und der weiteren Inventarisierung der Kunstgegenstände der Kirche", sagt er. Gegenwärtig ermittelt er die Gestaltung des gotischen Gewölbes der Klosterkirche, welches sich über der barocken Decke befindet. Auch hier ist die Quellenlage sehr dürftig, so dass vieles nur durch Beobachtung vor Ort ermittelt werden kann.

Auch bei der Wiederbesiedelung des Klosters ist sein Rat gefragt. „Die Mönche kommen ja nicht auf eine grüne Wiese und wollen auch nicht außerhalb des Klosters ein neues Haus errichten. Die unsanierte Kanzlei böte sich doch für die Zisterzienser als Klostergebäude an. Die alte Klausur hingegen wäre für das Priorat viel zu groß", meint er.

In der Barockzeit gab es zwischen dem klassizistischen Sommersitz der Äbte, dem heutigen Pfarrhaus und der Kirche auch noch ein Gebäude mit Werkstätten. Doch weil die Bausubstanz zu marode war, riss man es nach 1821 ab. Heute ist an dieser Stelle eine

Lücke mit Zugang zum barocken Klostergarten. „Klar, bei einem Neubau hätte man vielerlei Gestaltungsfreiraum", gibt Dr. Töpler zu bedenken. Das wäre beim Kanzleigebäude, wo gegenwärtig die von der Rahn-Stiftung betriebene Musikschule Kinder aus der Umgebung und dem Gymnasium unterrichtet, so nicht möglich, wo das Raumkonzept vorgegeben ist.

„Neuzelle sei die vollständigste erhaltene Klosteranlage, meinen einige Kollegen immer wieder. Aber wer sich mit der Baugeschichte genauer beschäftigt, weiß um die vielen nachträglichen Veränderungen an den Gebäuden", gibt Winfried Töpler zu bedenken. Er zeigt dabei auf den ehemaligen Kutschstall. „Das war ein Wirtschaftsgebäude, ein Stall – ohne Fensterfaschen, wie man sie heute sieht. Oben wurde das Zinsgetreide eingelagert. Erst nach 1840 und Abschaffung der Realabgaben und als die Stiftung alles auf Rentenbasis umstellte, richtete man im oberen Geschoss des Stalls Wohnungen und Unterrichtsräume ein und gestaltete dementsprechend die Fassade mit Fensterfaschen", erklärt Winfried Töpler. Er versucht stets, die Bauten von der Praxis her zu verstehen. Dabei hilft ihm sicher auch, dass er einst das Haus seiner Eltern mit aufbaute, und sich dabei auch als Maurer betätigte.

▲ Das bisher unsanierte Kanzleigebäude des Klosters

▼ Blick von der Wiese hinter dem barocken Garten auf die Klosteranlage in Neuzelle

Wallfahrtsort und Ökumene

„Im 19. Jahrhundert war es schon eine Wallfahrt, in die eigene Pfarrkirche zu kommen, denn die Pfarrei ging von Landsberg an der Warthe bis nach Senftenberg, etwa 200 Kilometer im Durchmesser." Die ganze Niederlausitz und die ganze Neumark gehörten zum Pfarrgebiet von Neuzelle, die der hiesige Pfarrer zu betreuen hatte. Zu den hohen Festtagen wie Fronleichnam, Ostern oder Weihnachten kamen besonders viele Katholiken nach Neuzelle. „Das darf man nicht mit bayerischen katholischen Maßstäben messen", sagt Dr. Töpler. Aber wer die Kirche durch den linken Eingang betritt, trifft auf sechs große Beichtstühle. „Solche großen Sünder sind die Neuzeller nicht, dass man da sechs Beichtstühle benötigt", sagt Winfried Töpler lachend. Die Anzahl der Beichtstühle ist vor allem wegen des Andrangs in die Kirche an den hohen Festtagen zu erklären.

1892 gab es einen schweren Brand, und nur der mutige Einsatz der Feuerwehrleute verhinderte eine Zerstörung der Kirche. Der damalige Pfarrer Jende holte danach ein Madonnenbild in die Kirche, welches vor die gotische Madonna gestellt wurde. Er wollte schon damals eine Wallfahrt ins Leben rufen, weil es ein Wunder war, dass die Kirche erhalten blieb, obwohl das Feuer schon im Dachstuhl war. „Die Katholiken der Neuzeller Feuerwehr fuhren mit dem Feuerwehrwagen in die Kirche rein und haben aus der Kirche heraus durch die Fenster gegen das Klausurgebäude Wasser gespritzt. Sonst wäre alles abgebrannt. Da der Pfarrer recht früh starb, ging sein Wallfahrtsimpuls bald wieder verloren." Nach der Wende wurde übrigens das Madonnenbild gestohlen und ist bis heute verschollen. Kardinal Meisner hat daraufhin ein neues Madonnenbild gestiftet.

Die eigentliche Wallfahrtsgeschichte in Neuzelle beginnt nach dem Zweiten Weltkrieg 1945 mit den vertriebenen Schlesiern, die für sich einen neuen geistlichen Ort suchten. Unter ihnen waren auch die Eltern von Winfried Töpler. Der damalige Jugendseelsorger und spätere Bischof in Schwerin Heinrich Theissing begründete diese Tradition, aus der dann die jährliche Jugend- und Diözesanwallfahrt im Frühjahr und im September wurde.

„Auch die Ökumene ist in Neuzelle nicht erst nach der Wende entstanden. Die DDR-Zeit hat die Christen vor Ort schon zusammengeschweißt." Vieles feierte man hier gemeinsam, wie den Martinsumzug im November, ökumenische Gottesdienste oder Faschingsfeiern im evangelischen Gemeindehaus. „Die Lausitz war auch schon zur Barockzeit eine Region, wo beide Konfessionen möglich waren. Zwar nicht immer konfliktfrei, aber man arrangierte sich miteinander", stellt der Katholik und Historiker Winfried Töpler heraus. Wenn er hin und wieder in ruhigen Minuten das biblische Bildprogramm der Fresken in der Klosterkirche betrachtet, deren Bilder und Heiligenfiguren nur vor der gegenreformatorischen Gedankenwelt zu verstehen sind, erkennt Winfried Töpler darin „einen dezidierten Hinweis auf die gemeinsamen christlichen Grundlagen, der beiden großen Konfessionen".

◀ Madonnenbild, gestiftet von
Joachim Kardinal Meisner

Der Pfarrer:
Ansgar Florian

„Was bisher unter dem Namen Kloster firmierte, war eigentlich nur eine Hülle ohne geistlichen Inhalt"

Der Klang seiner Sprache entspricht hörbar nicht dem der Region des östlichen Brandenburgs und des nahen Schlaubetals. „Ich bin in Hoyerswerda geboren - im April 1963", sagt Ansgar Florian, der seit zwei Jahrzehnten in Neuzelle katholischer Pfarrer der Gemeinde Beata Maria Virgo ist. Ob er ein Widder sei, wisse er nicht so genau, denn mit den Sternzeichen kenne er sich als Pfarrer nicht aus. Wichtiger sei ihm da schon sein Namenstag am 3. Februar ...

Hoyerswerda gehört heute zu Sachsen, was im Dialekt von Ansgar Florian mit einem gelegentlich „nu" hörbar wird. Zur Kindheit des etwa 1,90 Meter großen Mannes mit schütterem Haaransatz war die Stadt Teil des DDR-Bezirkes Cottbus. Zusammen mit zwei jüngeren Brüdern wurde er in diesem „Kohle- und Energiebezirk" groß. Seine Mutter, eine gelernte Schneiderin, kümmerte sich als Hausfrau um die drei Jungs. Heimat war ihm neben der Familie immer auch seine katholische Pfarrgemeinde: „Das prägt schon." Bis heute wohnen seine Eltern und die Brüder mit ihren Familien – die eine hat sechs, die andere drei Kinder – in Hoyerswerda. Dort wurde Ansgar Florian 1969 eingeschult. Immerhin gab es in seiner Klasse zwei weitere katholische Mitschüler, die zu seinen Freunden wurden. „Wir waren in der Pfarrgemeinde aktiv, bei den Ministranten und später in der katholischen Jugend." Schon als Kind war er mit der Familie regelmäßig bei den Wallfahrten in Neuzelle. „Das war schon damals ein geistlicher Mittelpunkt für uns." Bei den Ordensschwestern im St.-Florian-Stift machten sie hin und wieder Ferien.

Heute befindet sich im dortigen St.-Nikolaus-Haus ein neueingerichteter Wohnbereich für Menschen mit Behinderungen. Während der DDR-Zeit gab es hier auch ein Kinderheim. „Nach der Aufhebung des Klosters gründete im 19. Jahrhundert Florian Birnbach, der erste Nicht-Mönch als Pfarrer von Neuzelle, eine Kommunikantenanstalt, wo er die Kinder aus der Weite der Diasporapfarrei für zwei, drei Jahre nach Neuzelle holte. Sie besuchten hier die katholische Schule, zu DDR-Zeiten dann die staatliche Schule, und erhielten Sakramentenunterricht. Das hatte bis in die 70er Jahre des vorigen Jahrhunderts Bestand, als der DDR-Staat eingriff, weil er nicht wollte, dass die Kirche Bildungsarbeit anbot. Dann durften im Haus nur noch geistig behinderte Kinder aufgenommen werden, die keinen Anspruch auf Schulbesuch hatten. Sie galten nach DDR-Recht als nicht bildungsfähig ohne Schulrecht und Schulpflicht", erzählt Ansgar Florian. Diese Kinder erhielten durch die Caritas Förderunterricht, was der Grundstein für die später anerkannte Förderschule wurde.

▲ Grab des Erzpriesters Florian Birnbach (1801–1873) neben der evangelischen Heilig-Kreuz-Kirche in Neuzelle

Schule – Lehre – Studium der Theologie

So wie bereits sein Vater lernte auch der junge Ansgar nach Abschluss der 10. Klasse den Beruf des Elektrikers, damals noch bei der Deutschen Reichsbahn. Da er nicht zur Jugendweihe ging, war ihm kein direkter Weg zum Abitur möglich. Doch der Rückhalt in der Familie und Pfarrgemeinde half ihm, dies zu überbrücken. „Auch wenn wir so manche Schwierigkeiten in der DDR erlebt haben, Märtyrer waren wir nicht. Es gab ganz andere Fälle, wo der Staat jungen Menschen das Leben regelrecht verbaute. Die Kommunisten haben es halt akzeptiert, dass wir katholisch waren und zum Beispiel nicht zur Jugendweihe gingen." Die Mutter war für Haushalt und Erziehung zuständig, der Vater arbeitete in einem großen Kohlekraftwerk. Als die Kinder in der Berufsschule waren, arbeite seine Mutter halbtags im Pfarrbüro.

Im St. Norbertuswerk, einer kirchlichen Schule in Magdeburg, erwarb Ansgar Florian 1984 seine Hochschulreife. Hier gingen spätere Theologiestudenten noch einmal auf die Schule, um das Abitur abzulegen, unter anderem mit den alten Sprachen Griechisch und Latein. „Das war die Voraussetzung für mein Studium von neun Semestern der katholischen Theologie in Erfurt, welches sich bis Weihnachten 1988 daran anschloss." Diesem folgten drei Semester Pastoralseminar in Neuzelle. „Ich wäre nie Priester geworden, wenn ich nicht selbst gute, vorbildhafte Priester in der Heimatgemeinde und während des Studiums erlebt hätte. Das waren meine persönlichen Heiligen", sagt er schmunzelnd. 1990

▼ Ministerin Martina Münch, Pater Kilian, Pater Simeon und Pfarrer Ansgar Florian (v.l.n.r.)

wurde Ansgar Florian in der Görlitzer Prokathedrale St. Jakobus zum Priester geweiht. Bis 1995 war er dann Kaplan in Görlitz bei Pfarrer Wolfgang Gerlach, der selbst etliche Jahre zuvor von 1966 bis 1975 in Neuzelle als Pfarrer wirkte. „Pfarrer Gerlach kannte mich schon von klein auf, weil meine Mutter aus Görlitz stammt." Bevor Ansgar Florian 1998 die Gemeinde in Neuzelle übernahm, wurde er erst noch in Wittichenau Kaplan. War es Zufall, dass er ausgerechnet in Neuzelle seine erste Pfarrstelle übernahm? „Beim Herrgott gibt es keine Zufälle", sagt er energisch, „wenn er es nicht gewollt hätte, wäre ich es nicht geworden." Bewerben konnte er sich nicht direkt, „aber ich habe rechtzeitig mein Interesse bekundet. Vielleicht war es mit dem vielen Barock hier auch nicht jedermanns Geschmack", meint er ironisch und lacht. „Noch immer ist es ein Geschenk in Neuzelle sein zu dürfen." In all den Jahren konnte er miterleben, „dass die Kirche hier nur dank der aktiven Gemeinde und der vielen Begabungen und Talente so lebendig wirkt."

Erster Besuch in Neuzelle und Kirchenführungen

Als Ansgar Florian das erste Mal Anfang der 70er Jahre als Schulbub die Wallfahrtskirche betrat – so kann er sich noch heute gut erinnern –, standen dort viele Gerüste, mit denen das Gotteshaus von der Denkmalpflege gesichert wurde. Auch die volle Kirche bei den jährlichen Jugend- und Gemeindewallfahrten mit den vielen Gläubigen ist ihm gut im Gedächtnis geblieben. Heute ist er, wenn er nicht gerade auf Reisen oder in den Ferien ist, täglich in „meiner Kirche" – ob in der Vorbereitung auf eine heilige Messe, beim Gottesdienst, dem Stundengebet mit den Mönchen oder wenn er Besucher durch die Kirche führt.

Seine erste Kirchenführung machte er bereits als Schüler in der 9. Klasse. Zu dieser Zeit wirkte – schon seit 1976 – sein Heimatpfarrer Augustinus Schubert aus Hoyerswerda in der Gemeinde in Neuzelle und spannte ihn und einen Schulfreund in den Ferien gern als Gehilfen ein. „Die schon lange pensionierte frühere Pfarrwirtin Franziska Pfeffing, die 1999 mit 97 Jahren verstarb, als ich hier schon Pfarrer in Neuzelle war, lernte uns damals an. Der Pfarrer gab uns dazu ein Buch über die Geschichte und wir schrieben uns die historischen Eckdaten raus. Schon in der darauffolgenden Woche fingen wir an, den Leuten die Kirche zu erklären." Heute kommen im Laufe eines Jahres über 100 000 Besucher nach Neuzelle, dazu die Gläubigen zu den heiligen Messen und anderen Gottesdiensten, und viele schließen sich gern den öffentlichen Kirchenführungen an.

„Wenn mich einige kritische Touristen bei Kirchenführungen auf die Pracht und barocke Fülle unserer Kirche ansprechen und den Schluss ziehen, ‚das haben doch die Mönche den armen Leuten in der Umgebung alles abgepresst', dann versuche ich zu helfen, solche

▲ Blick in den Kreuzgang des Klosters Neuzelle

Vorurteile auszuräumen." Dann erklärt der Pfarrer ihnen den Sinn des sakralen Raumes und seines Bildprogramms: „ut in omnibus glorificetur Deus – dass in allem Gott verherrlicht werde" (Benediktusregel 57, 9). Viele hätten ihr Wissen über Klöster, Mönche und das Christentum ausschließlich aus Filmen oder Romanen wie „Der Name der Rose" und reden vom finsteren Mittelalter, wo Menschen scheinbar nur unterdrückt und ausgebeutet wurden. Später, wenn Pfarrer Florian auf den Kreuzgang und die angrenzenden Konventräume der Mönche verweist, die heute als Ausstellungsfläche und Museum genutzt werden, erklärt er seinen Zuhörern: „Dort sehen Sie, wie einfach und schlicht die Mönche gelebt haben mit nur einer Wärmestube im Winter." Viele staunen nur und geben ihr spärliches Wissen über Kirche im Allgemeinen und das Monastische im Besonderen zu.

Den Touristen empfiehlt er dann, im Ostflügel des Kreuzgangs den früheren Kapitelsaal zu besuchen, wo es eine Reihe von historischen Paramenten, also liturgischen Gewändern zu sehen gibt. Die Leihgaben der katholischen Pfarrgemeinde werden dort hinter Glas ausgestellt. Doch zu besonderen Anlässen und Hochfesten finden sie in der Liturgie bis heute Verwendung. „Achten Sie auch auf den Wallfahrtsmantel der Muttergottes von 1949", so Pfarrer Florian. In den Saum wurde die erste Strophe des Neuzeller Wallfahrtsliedes „Maria Mutter Friedenshort" eingestickt, welches vor über siebzig Jahren, 1948, von Georg Schröter geschrieben wurde und erstmals erklang. Heute ist das Lied fester Bestandteil einer jeden Wallfahrt und im „Gotteslob" zu finden. „Dieser besondere Mantel ging 1949 von Pfarrei zu Pfarrei. Dabei wurden in jeder Pfarrei das Patronat und der Ort eingestickt. Die gotische Neuzeller Muttergottes wurde durch diesen Mantel zur modernen Schutzmantelmadonna des Bistums", erklärt Pfarrer Florian. Besonders zu Wallfahrten kommen ältere Menschen, die nach dem Mantel suchen, an dem sie seinerzeit als Jugendliche selbst

▲ Die Wallfahrtsmadonna im grünen Gewand, davor Kerzen der Gläubigen

▲ Die Kreuzigung, Figur aus den Passionsdarstellungen, in der Hl.-Grab-Kapelle vor der Sakristei

mitgestickt hatten. Sie freuen sich, wenn er wenigstens in der Ausstellung noch zu sehen ist. Die Restauratoren hatten darum gebeten, ihn der Muttergottes nicht mehr aufzulegen. Durch den jahrzehntelangen Gebrauch war er ganz von der Sonne verschlissen, praktisch jeder Faden musste wieder gesichert werden.

Auch viele der alten Messbücher, Kelche und Paramente „sind noch immer in Gebrauch. Ebenso die Reliquienmonstranzen, die wir zum Beispiel beim Wettersegen oder der Märtyrerprozession nutzen. Dann nehmen wir sie mit zur Schiefen Kapelle am Beginn der Klosterallee. Auch die berühmten Kulissen der Passionsdarstellungen vom Heiligen Grab, für die es mittlerweile ein eigenes, von der Stiftung Stift Neuzelle errichtetes Museum gibt, sind ein beeindruckend lebendiges Glaubenszeugnis."

Ein „praktisches Glaubenszeugnis" der jüngeren Vergangenheit ist für den Pfarrer das große Holzkreuz, das von Georg Schröter, dem Dichter des Wallfahrtsliedes, samt Kreuzwegstationen geschnitzt wurde. „Zur zweiten Jugendwallfahrt 1948 wurde das Kreuz von Pfarrei zu Pfarrei bis nach Neuzelle getragen und auf der Scheibe, dem Wallfahrtsberg, errichtet. Dort steht es bis heute."

Ein Gang durch die Klosterkirche

Das Feiern der täglichen Messe ist für den Priester wichtig. Zu den besonderen Heiligentagen, geschieht dies gern auch an den Seitenaltären, wie dem des heiligen Johannes Nepomuk am 16. Mai oder am Gedenktag des heiligen Antonius am 13. Juni. „Wir schmücken unsere Altäre nicht nur schön, sondern sie sind alle im liturgischen Gebrauch." Bei einem Gang durch die Kirche – die im Eigentum der Stiftung ist, deren Haus- und Nutzungsrecht aber die Katholische Kirchengemeinde hat – erklärt Ansgar Florian die Aufteilung des Gotteshauses vom Eingang unter der Orgelempore bis hin zum Chor: „Mit den vielen Engeln und Heiligen in unserer Kirche ist man hier nie allein. Der erste Teil der Kirche ist sinnbildlich für die Gemeinschaft der ganzen Kirche, weil wir uns mit den Heiligen und Engeln zum gemeinsamen Gotteslob versammeln. So gehen wir hin zu Christus mit Taufaltar, Kanzel, Glaubensbekenntnis und Glaubensverkündigung." Es folgen die Christusaltäre: Kreuzigung, Pietá, Kindheit Jesu, Marienaltar und vorn am Hochaltar die Emmausgruppe mit dem auferstandenen, seinen Jüngern das Brot brechenden Christus unter dem Gemälde mit der Aufnahme Mariens in den Himmel, Zeichen des Patronatsfestes einer jeden Zisterzienserkirche am 15. August. „Es gibt Menschen, die nehmen in der Messe immer denselben Platz ein. Da, wo die Großväter und Väter saßen, setzen sich auch die Kinder hin, frei nach dem Motto: Hier waren wir schon immer zu Hause. Andere wechseln gern die Perspektive, weil man neue Blicke und Sichten

auf Details der Skulpturen und Malereien bekommt. Ein älterer Herr beispielsweise saß gern unter der Orgelempore. Da ist der Raum niedriger, intimer, die Akustik intensiver. Andere suchen den direkten Blick aufs gotische Kreuz im südlichen Seitenschiff oder den Kreuzaltar oder Marienaltar."

Die neuen Mönche und viele Fragen

Als sich die Mönche im Juni 2017 der Bevölkerung Neuzelles bei einer Bürgerstunde im evangelischen Gemeindehaus vorstellten, war eine gewisse Unkenntnis auch bei einigen Fragenden herauszuhören. „Es gab Ängste, dass die Mönche aus Heiligenkreuz hier alle Schulen übernehmen könnten, die dann alle gleich katholisch werden. Oder dass die Klosterbrauerei an die Mönche restituiert werden könnte und die Mitarbeiter arbeitslos werden. Doch diese Befürchtungen und Sorgen sind unbegründet, denn die Eigentums-verhältnisse sind klar geregelt. Dank der Zisterzienser bekommen viele Menschen mit, was Kloster tatsächlich bedeutet, denn was bisher unter dem Namen Kloster firmierte, war eigentlich nur eine Hülle ohne geistlichen Inhalt", erläutert Ansgar Florian.

Bis Mai 2017 lebte in der früheren Schwesternwohnung im Pfarrhaus von Ansgar Florian auch eine syrisch-katholische Flüchtlingsfamilie mit vier Kindern, die dann im Frühsommer eine größere Wohnung in Eisenhüttenstadt fand. Seit dem 27. August 2017 haben dort die Zisterziensermönche ihre vorübergehende Unterkunft gefunden. Hinter

▲ Aufsatz des Taufbeckens: Johannes der Täufer und Jesus Christus

▲ Die Gottesmutter mit dem Jesus-
kind in rotem Festgewand

▼ Blick auf den Hochaltar und den
neuen Zelebrationsaltar

einer grünen Tür mit einem geschnitzten Kater fängt „quasi ihre Klausur an". Früher
ging es dort zur Schwesternwohnung oder zur Gemeindereferentin. „Es ist sicher für die
Mönche ein Provisorium und bescheidener Anfang – aber man muss erst einmal den
Samen legen und dann wächst es weiter", sagt es der Pfarrer mit einem biblischen Bild.

Ort der Wallfahrt und persönlicher Glaubenserfahrung

Auch wenn sich Pfarrer Florian seiner besonderen Position als Gemeindepfarrer in dem
noch recht jungen Wallfahrtsort Neuzelle bewusst ist, weiß er schon: „Es ist hier nicht
vergleichbar mit den großen Wallfahrtsorten in Deutschland wie Kevelaer oder Altöt-
ting, ganz zu schweigen von Lourdes in Frankreich oder Fatima in Portugal. Aber für
das Bistum und die Diaspora ist es ein sehr wichtiger Ort." Er zitiert dabei gern den
ehemaligen Görlitzer Bischof Bernhard Huhn, der einmal sagte: „Unser Bistum hat zwei
Brennpunkte, der eine ist Görlitz mit dem Verwaltungssitz, und in Neuzelle schlägt das
Herz des Bistums." Für viele Gläubige und ihren Glaubensweg ist es immer wieder sehr
wichtig, sich nach Neuzelle aufzumachen. Sie erfahren hier bis heute die Fürsprache
der Gottesmutter, bringen Fürbitten für die Familie, Nachbarn oder Freunde vor und
machen ihre persönlichen Glaubenserfahrungen in Neuzelle. „Manche haben bei den
Wallfahrten ihren späteren Ehepartner kennengelernt, andere große Hilfe bei ihren persönlichen Gebetsanliegen erfahren und Heilung geschenkt bekommen." Dabei verweist
er in der Kirche auf die „Georgskerze", die in der Nähe der Statue des heiligen Georg für
die Kranken brennt.

Zwei Jahrzehnte Pfarrer in Neuzelle

Wenn Ansgar Florian auf seine fast zwei Jahrzehnte als Pfarrer zurückblickt, fallen ihm einige Höhepunkte in dieser Zeit ein. „2004 feierten wir das 125. Gründungsjubiläum des
St.-Florian-Stiftes. Vor zehn Jahren konnten wir unser Kinderhaus St. Christophorus mit
Hilfe des Bonifatiuswerkes neu bauen, und vor drei Jahren wurde der neue Altar konsek-
riert. Das war nur mit tatkräftiger Unterstützung aus dem Görlitzer Ordinariat möglich."
Mit dem Kinderhaus meint er die katholische Kita, die über viele Jahre aus einer provi-
sorischen Baracke aus den 60er Jahren bestand. Auch der Altar war fast fünf Jahrzehnte
ein Provisorium aus Holz. Nun feiern Gläubige, Priester und Mönche die heilige Messe
an einem Marmoraltar, dessen ovale Form der Steinplatte vom barocken Tabernakel des
Hochaltars und den beiden Kredenztischen vorgegeben scheint. Die Farbe des Steines
findet sich im Stuck des Hochaltars und einigen Säulen der Seitenaltäre wieder. Im Al-

tarsockel befindet sich eine Reliquie des hl. Papstes Johannes Paul II. – ein Stück des weißen Gewandes, das er 1981 beim Attentat auf dem Petersplatz trug, sowie eine Haarsträhne des Pontifex. Bischof Ipolt erhielt diese Reliquie zur Heiligsprechung des polnischen Papstes und gab sie zur Altarweihe am 16. August 2014 als Geschenk an die Pfarrgemeinde in Neuzelle weiter. Durch diese besondere Reliquie baut das Bistum Görlitz auch in seinem Wallfahrtsort weiter an den Brücken ins benachbarte Polen.

Persönlich durfte Ansgar Florian hier in der Kirche 2015 sein silbernes Priesterjubiläum feiern und er resümiert leise: „Wenn ich auf die vielen kleinen und großen Gnadenerweise dieser Jahre für unsere Pfarrei, für viele, die ich als Priester begleiten darf, und auch für mich selbst zurückblicke, dann empfiehlt sich von selbst ein stilles und dankbares Herz."

Ansgar Florian ist gerne Priester und dankbar dafür, Pfarrer in Neuzelle sein zu dürfen. Ein Dank, der nach dem Herrgott auch dem Bistum Görlitz, vielen Mitbrüdern und besonders den Neuzeller Gemeindemitgliedern gilt, von denen er sich so lange getragen und sicher auch ertragen weiß. Doch seine Zeit in Neuzelle läuft aus, denn die Mönche bringen sich nach und nach mehr in die Gemeindearbeit sowie Pfarr- und Wallfahrtsseelsorge ein. Im Jahr des 750-jährigen Gründungsjubiläums und mit der Neugründung des Zisterzienserklosters wird einer seiner neuen Mitbrüder auch die Pfarrstelle übertragen bekommen. Leicht wird ihm dieser Abschied sicher nicht gerade werden. Größer aber ist die Vorfreude und Zuversicht, die Pfarrer Florian im Blick auf die bevorstehende Klostergründung bewegt: Sie ist für ihn „eine echte Gebetserhörung".

▶ Pfarrer Ansgar Florian in der Wallfahrtskirche in Neuzelle

Die Wiederbesiedeler: Zisterziensermönche und ihre Wege

„In meiner Seele war etwas, das Gott sucht. Da bin ich: Gern würde ich in den Orden eintreten!"

Der Hausobere: Pater Simeon Wester war leidenschaftlicher Musiker und Prior in Heiligenkreuz. Sein Weg zur Berufung war lang, aber konsequent.

„Unser Jeck geht ins Kloster" titelte der Kölner Express vor vielen Jahren einmal auf der ersten Seite und meinte damit Simeon Wester. Am 7. April 1967 erblickte Karl Wester in Unkel im Landkreis Neuwied das Licht der Welt. Hier am Mittelrhein, etwa 20 Kilometer südlich von Bonn, wuchs er zusammen mit vier Geschwistern auf und besuchte die Grundschule. „Mein Vater war Buchhalter bei einem Autohändler und starb bereits 1998. Meine Mutter freut sich noch des Lebens mit ihren Kindern, Enkeln und Urenkeln. Sie war stets eine Frau, die ordentlich zupacken konnte, und führte ein Lebensmittelgeschäft mit angeschlossener Kohlenhandlung. In sechs Jahren brachte sie fünf Kinder auf die Welt und war parallel dazu immer im Geschäft aktiv." Seine Eltern haben ihren Glauben aktiv gelebt und sich auch bemüht, diesen an ihre fünf Kinder weiterzugeben. „Ich bin da hineingewachsen und hatte nie Probleme mit dem Glauben – auch nicht während der Pubertät. Das ist sicher ein Gnadengeschenk Gottes, immer in der Freude des Glaubens zu leben. Bestimmt hat das auch etwas damit zu tun, dass der Herr mir die Musik geschenkt hat und ich auf diese Weise mit Freude an der Liturgie teilnehmen konnte." Bis heute erschließen sich ihm viele Antworten auf die Fragen des Glaubens über die Musik.

◄ Pater Simeon Wester ist leidenschaftlicher Musiker. Hier auf der Orgelempore der Heilig-Kreuz-Kirche im Kloster Neuzelle.

Frühe Musikbegabung

Schon früh zeigte sich Pater Simeons musikalische Begabung im Gesang. Bereits mit sechs Jahren fing er mit dem Klavierspiel an. Auch seine Mutter und zwei Geschwister spielten gern Klavier. Wohingegen sein Vater zwar kein Instrument hatte, „dafür eine große Schallplattensammlung, wo ich als Siebenjähriger schon meine Freude beim Hören von Beethovens Klavierkonzerten hatte. Mit großer Freude dirigierte ich dabei: den Schallplattenspieler", sagt Pater Simeon laut lachend. Humor und rheinländischer Witz gehören auch bei ernsten Gesprächen mit Simeon Wester dazu. Und das Lachen scheint für den Gottesmann aus dem Rheinland mit der markanten schwarzumrandeten Brille zum Lebenselixier zu gehören. Sicher, seine Geschwister hätten auch mal Unterhaltungsmusik und Popmusik gehört, aber er neigte eher zur klassischen Musik, also der ernsteren Sparte, was mit Blick auf seine launige Art kein Widerspruch zu sein scheint.

▲ Pater Simeon scherzt mit Ministerin Münch, rechts Pater Kilian, links Bischof Ipolt

„Weil ich mit anderen zusammen etwas Blasmusik spielen wollte, lernte ich Posaune. Später kam für den Hausgebrauch noch die Tuba dazu – hin und wieder für einen Ausflug in den Jazz." Schon mit 15 Jahren fand man ihn regelmäßig bei den heiligen Messen an der Orgel seiner Heimatgemeinde. „Seit meiner Kindheit lief mein Werdegang darauf hinaus, einmal Musiker zu werden." In Bonn-Beuel am Erzbischöflichen Kardinal-Frings-Gymnasium legte er sein Abitur ab, dem eine erfolgreiche Aufnahmeprüfung an der Musikhochschule in Köln folgte. Noch vor dem Studium ging er zur Bundeswehr und leistete dort seinen Wehrdienst als Posaunist im „Heeresmusikcorps 7" in Düsseldorf ab. Es folgten einige Semester Schulmusik in Köln und der Wechsel zur Gesangspädagogik und Kirchenmusik an die Mainzer Universität sowie die Chorleitungsklasse des Peter-Cornelius-Konservatoriums in der rheinland-pfälzischen Landeshauptstadt.

Zwanzig Jahre lang, von seinem 15. bis zum 35. Lebensjahr war er bei der Erzdiözese Köln als Kirchenmusiker angestellt. „Das war eine schöne Arbeit. Wenn ich zum Beispiel mit den vielen jungen Menschen im Kinderchor, Jugendchor, dem Kammerchor sowie zwei Kirchenchören übte, auftrat oder an der Orgel begleitete", erzählt Pater Simeon voller Stolz. Es war eine Tätigkeit, die ihn „immer tiefer in das Geheimnis Gottes hineinführte und ich stellte mir die Frage: Was ist die wahre Schönheit in der Kunst und Musik?" Das wurde für ihn existenziell und „so habe ich mich aufgemacht und bin in Heiligenkreuz ins Kloster eingetreten." Das ist in aller Kürze die Geschichte des Pater Simeon vom Kirchenmusiker zum Zisterziensermönch. Jedoch

▲ Die Mönche auf der Chorempore in Neuzelle nach dem Gesang des Stundengebetetes (v.l.n.r.: die Patres Philemon, Simeon, Kilian, Aloysius)

die Geschichte seines langen, aber konsequenten Weges in die Berufung sollte noch einige Jahrzehnte dauern ...

Berufung

Simeon Wester hatte eine gut bezahlte Vollzeitstelle. Er war nach eigenen Worten sehr zufrieden und glücklich mit seiner Arbeit. In der sogenannten „fünften Jahreszeit" spielte er gern beim Kölner Karneval und auch sonst bei privaten Festen auf. Wie verlief sein Findungsprozess zu Gott? Was führte ihn ausgerechnet ins Kloster nach Heiligenkreuz? Warum trat er in den Orden der Zisterzienser ein? Eine kurze, klare Antwort gibt es nicht. „Zur Berufung gehört es, dass sie selbst für den Berufenen in vielen Facetten ein Geheimnis bleibt. Auch warum man an einen bestimmten Ort gerufen wird. Entscheidend war für mich, dass Gott rief. Das darf man in der Berufungspastoral nie vergessen, denn es ist keine Idee eines Menschen, auch nicht des Berufenen, dass er in ein Kloster geht oder Priester wird. Gott ist der, der an mir handelt. Das entscheidende ist dann, wie es bei allen großen Heiligen und bei Maria auch war: JA zu sagen. Ich hätte mir mein Leben auch anders vorstellen können, denn vor meinem Klostereintritt war ich glücklich und hatte ein erfülltes und frohes Leben. Aber Gott hat mir die Gnade geschenkt, auf seine Stimme zu hören. Und so sagte ich ja zu ihm und ging ins Kloster."

Wann hat Pater Simeon Gottes Stimme erstmals gehört? Was waren dabei die Umstände? Welche Menschen unterstützen ihn auf seinem Weg? Darauf gibt Pater Simeon eine längere Antwort: „Das ist bei mir schon recht früh geschehen. Mit Sicherheit bei meiner Erstkommunion. Da bin ich ganz fest von überzeugt, dass ich dort Gott wirklich begegnet bin und dass er mir schon damals seine Liebe in mein Herz gesenkt hat." Später als 15/16-Jähriger entdeckte er ein großes Interesse am monastischen Leben. „In meinem unruhigen Herzen breitete sich eine tiefe Sehnsucht aus. Aber im Gebet, beim Lobgesang und Singen der Psalmen wurde ich wieder ruhiger. Es ist kein Widerspruch, dass ein lebendiger, lebensfroher Rheinländer, der gern auf den Putz haut und auch sonst nicht viel im Leben ausgelassen hat, dennoch weiß, dass das Leben einen tieferen Sinn hat, als Karneval und Feste zu feiern. Ich erkannte mehr und mehr, wer ich bin, wo ich herkomme und wo meine Ursprünge liegen. Das ist die Dimension, in der Berufung stattfinden kann, wenn trotz aller Äußerlichkeit eine tiefe Innerlichkeit geschenkt wurde, die einen nicht zur Ruhe kommen lässt, bis man die entscheidende Antwort gegeben hat. In der Kirche gibt es viele Charismen und nicht alle müssen als Schwester oder Bruder ins Kloster eintreten oder Priester werden. Das Wichtigste ist, darauf zu hören, was Gott einem aufträgt. Was ist meine Sendung? Ich bin ein ewiger Gedanke Gottes. Was hat ER gedacht, als ER mich gemacht hat? Es ist etwas sehr Schönes, wenn man die Antwort findet und dann endlich weiß: Ich habe gefunden, was Gott von mir wollte. Wenn der Ruf Gottes kommt – der bei mir sehr stark war, sonst wäre ich nicht ins Kloster gegangen –, dann setzen bei den rational denkenden Mitteleuropäern Gedanken über die Midlife-Crisis ein. Ist das nur ein problematischer persönlicher Zeitpunkt für ihn? Ist das bald alles wieder vorbei? Aber wenn es nicht Gott war, der mich gerufen hat, dann ist mein Leben im Kloster doch sinnlos – oder? Und ich habe gerade dort den tiefsten Sinn gefunden. Einen Sinn, den mir die Welt selbst durch die schönste Musik nicht schenken kann. Nur weil ich mich ganz dem Willen Gottes hingab, habe ich diesen Sinn gefunden."

▲ Im Benediktinerkloster Maria Laach war Pater Simeon als junger Mann gern zu Gast

Erste Kontakte zu Klöstern

Den ersten Kontakt zu einem Kloster hatte Pater Simeon als Jugendlicher zur Abtei Himmerod in der Eifel. „Dort habe ich tiefe Begegnungen mit Gott gehabt. Leider ist die Abtei geschlossen worden." Auch bei den Benediktinern von Maria Laach war er gern zu Gast und erhielt dort wichtige Inspirationen. Schon früh wurde durch die Ordensschwestern der Cellitinnen aus der Kölner Kupfergasse, die ihn im Kindergarten erzogen, der Grundstein für sein heutiges Ordensleben gelegt. „In dem Moment, wo man sich der Übernatur öffnet, sind Dinge aus der Vergangenheit leichter zu deuten. Wer nicht glaubt, lacht vielleicht darüber. Aber für mich ist es ganz klar: Wenn ich als Kind in einem Kindergarten war, der von Ordensschwestern geleitet wurde, ja wenn ich bereits in einem Haus geboren wurde, wo die Hebamme Ordensschwester war, wenn ich an die Priester denke, die mich in der Kindheit begleitet haben, dann weiß ich doch, dass all diese Menschen mich immer wieder dem Herrn hingehalten haben. Sie alle haben den Segen über mich gesprochen."

Es sei dasselbe, was er jetzt hier in Neuzelle auch macht, wenn die Kinder zu ihm zum Religionsunterricht kommen. Dann erinnert sich Pater Simeon an seine eigene Schulzeit: „Wenn sie hier nachmittags nach der Schule herkommen, dann sind sie oft ein wenig aufgedreht und haben nicht unbedingt die größte Lust auf Religionsunterricht. Das verstehe ich. So war ich doch selbst einmal", spricht Pater Simeon über seine Erfahrungen vor vielen Jahrzehnten. Er segnet und betet – auch im Stillen – erst einmal für diese ihm anvertrauten Kinder, die in ihren staatlichen Schulen keinen katholischen Religionsunterricht haben. Nach dieser „Anempfehlung an den lieben Gott, vertraue ich darauf, dass ER den Kindern das schenken möge, was ER von Anfang an für sie gedacht hat. So ist die geistige Struktur unseres Lebens aufgebaut, wo der Herr alles in seinen Händen hält und trotzdem den Menschen die Freiheit lässt, ja zu sagen zu seinem Willen. Das ist ein großes Geheimnis. Es geht nicht um Äußerlichkeiten und Aktionismus. Auch ich war mit 35 Jahren frei zu sagen, ich heirate lieber, es ist schön, Kinder zu haben, da ist immer was los und es wird nie langweilig. Das wäre auch eine schöne Perspektive für mich gewesen. Aber wenn der Herr etwas anderes für dich vorgesehen hat, dann musst du das ernsthaft prüfen. Das bedeutet nicht, dass andere Wege schlechter sind. Ich musste für mich erkennen, wo ich zutiefst glücklich werde, wo die Sehnsucht meiner Seele ihr Ziel findet."

Als Pater Simeon ins Kloster ging, war dies für viele seiner Freunde mit einem Fragezeichen verbunden. Einige lachten und fanden das komisch. „‚Na wir warten darauf, bis er wieder zurückkommt und sich die Hörner abgestoßen hat‘. Aber wer mich besser kannte – zum Beispiel viele, die mit mir Musik machten – die wussten schon, dass in meiner Seele etwas war, das Gott sucht. Es war meine Beziehung zu Gott, die auf dem Spiel stand, ob es anderen gefiel oder nicht, war irrelevant. In dem Moment, wo man die Stimme Gottes hört und wie die Muttergottes antwortet: ‚Mir geschehe nach deinem Wort‘ – dann gibt der Herr die Kraft für alles."

Ordensleben in Heiligenkreuz

Dann kommt Pater Simeon auf sein Ordensleben zu sprechen: „Das Klosterleben hat seine großen Herausforderungen. Es führt den Mönch immer wieder auch an seine Grenzen. Aber ist dies in anderen Lebens- und Liebesbeziehungen anders? Wir werden als Menschen an unsere Grenzen geführt, weil wir in Zeit und Raum diese Grenzerfahrungen machen müssen und die letzte davon ist der Tod. Viele Zeitgenossen laufen vor dieser Grenze weg. Man kann den Ort und den Zeitpunkt nicht wissen, aber der Moment kommt, denn wir werden nicht ewig in dieser Welt herumlaufen. Hier braucht es Antworten. Wer sich als Mönch immer wieder dieser Frage stellt, merkt, wie die anderen Grenzen fallen, weil die ganze Existenz auf die Begegnung mit Gott hinausläuft."

Doch welcher Weg führte ihn in seiner Berufung nun ausgerechnet nach Heiligenkreuz? Im zisterziensischen, mittelalterlichen Papstpalast im französischen Avignon bei einem Musikkongress erhielt Pater Simeon von einer Richterin den Tipp, einmal Heili-

▼ Erzengel Uriel am Kindheit-Jesu-Altar in Neuzelle

genkreuz zu besuchen: „Das könnte was für Sie sein", sagte die Frau aus Bonn. Zu dieser Zeit hatte er bereits seine Arbeitsstelle gekündigt. In nur einer Nacht fuhr er von Avignon nach Hause und in der nächsten Nacht mit vollem Auto nach Heiligenkreuz und sagte zum Bruder an der Pforte: „Da bin ich: Gern würde ich in den Orden eintreten!" Und kurz darauf sagten die Brüder ruhig: „‚Dann schauen wir mal', denn bei Musikern und Künstlern ist das immer so eine Sache. Nicht dass es nur so ein emotionaler Rappel bei ihm ist, werden sie gedacht haben …"

Klar war zu diesem Zeitpunkt für Simeon Wester nur eine Sache, er wollte in ein Kloster eintreten, wo der gregorianische Gesang zur Liturgie gehört. Genauso wie das Klavier und die Orgel, gehört der gregorianische Gesang bei den täglichen Stundengebeten zu den wichtigen musikalischen Ausdrucksformen für Pater Simeon. „Die Stimme zu erforschen und kennenzulernen ist immer auch ein Ausdruck der eigenen Persönlichkeit. Wer das Timbre der Stimme sucht, sucht auch immer etwas von sich selbst."

▲ Fensterrosette im Kapitelsaal in der Abtei Heiligenkreuz: Das Glas stammt vom Ende des 19. Jahrhunderts

Sein damaliger Pfarrer riet ihm vorab, „keinen Abschied auf Raten" zu machen. „Ich fand in Heiligenkreuz eine lebendige Gemeinschaft und ein wunderschönes mittelalterliches Kloster. Aber das ist nicht so entscheidend, denn was einen im Kloster hält, ist die Begegnung mit Gott, Jesus Christus und die führende Hand Mariens." Also blieb er bis zur ewigen Profess in Heiligenkreuz. In der Regel schaut sich ein Anwärter das Kloster für einige Zeit erst einmal an. Bei Pater Simeon war es anders, „auch wenn es mit Ringen und Suchen einherging". Schon kurz nach seinem Klostereintritt fing er das Theologiestudium in der Hochschule „Benedikt XVI." an, die es als Hauslehranstalt bereits seit 1802 gibt. „Das hatte ich mir eigentlich anders vorgestellt, denn ich wollte in ein Kloster und nicht zum Studium. Studiert hatte ich doch schon genug, dachte ich. Aber als Mönch soll man sich im Gehorsam üben und auch als Kandidat war für mich klar, ich werde das tun, was von mir verlangt wird." So lernte er die Schönheit der Theologie kennen und es tat sich für ihn eine neue Welt auf – „auch durch das persönliche Zeugnis der Professoren, die dort unterrichteten, weil sie zutiefst das glauben, was sie verkünden und lehren".

Chronologisch zählt er die Etappen seit seinem Eintritt vor 17 Jahren ins Kloster auf: 2001 Novize. Ein Jahr darauf legte er die zeitliche Profess und 2005 die ewige Profess am „Fest der Dornenkrone" an einem Freitag um 15 Uhr ab. Schon 2003 wurde er Kantor und Stiftsorganist im Kloster. 2006 beendete Pater Simeon sein Studium mit einer Arbeit über die „Musikalische Exegese des Magnifikats bei Krzysztof Penderecki". Im Folgejahr war seine Weihe zum Diakon. Er wurde Subprior des Klosters Heiligenkreuz und Magister für die zeitlichen Professen. Vier Jahre lang war er Novizenmeister und drei Jahre Stiftspfarrer. Noch unter Abt Gregor wurde er Prior, was Abt Maximilian bestätigte, so dass er insgesamt sieben Jahre lang dieses Amt ausübte. Der Prior wird vom Abt eingesetzt, wenn er vorher die Gemeinschaft befragt. „Ein Prior ist kein zweiter Abt, weil wir glauben, dass der Abt der Stellvertreter Christi in unserem Kloster ist. Durch den Abt erkennen wir den Willen Christi. Aber der Abt braucht Helfer, wie den Prior." Als Pater Simeon nach Neuzelle aufbrach, übernahm Pater Meinrad sein Amt als Prior in Heiligenkreuz. „Einen besseren kann man nicht finden, denn er war fast 20 Jahre in Rom als Generalprokurator des Ordens tätig."

Sein rheinischer Humor gehört für Pater Simeon auch im Kloster dazu. „Der liebe Gott betrachtet uns ja nicht abschnittsweise, sondern meint uns immer ganz. Er sagt: Du bist mein geliebtes Kind, an dir habe ich mein Wohlgefallen." Im Kloster hätte er nicht sein ehemaliges Leben abgeschnitten und etwas ganz neues und vollkommen anderes begonnen, sondern „der Sinn des Klosters ist, das Leben zu verstehen in all seinen Facetten und die große Barmherzigkeit Gottes zu erkennen, die mich genau da hingeführt hat. Da gehört das Vorleben notwendigerweise dazu. Das lernt man im klösterlichen Leben. Gott schaut uns nicht so an, wie wir uns selbst. Und er steckt niemanden in Schubladen hinein. Unser Leben ist sehr reich und wir erkennen diesen Reichtum mit Höhen und Abgründen erst dann, wenn wir unser Leben in die Hände Gottes geben und uns ihm schenken. Dann schenkt er uns sich selbst und seine Nähe. Damit erfahren wir immer tiefer, woher wir wirklich kommen und wohin wir sicher gehen."

▲ Tanzende Skelette in der Totenkapelle im Kreuzgang von Heiligenkreuz

Gang nach Neuzelle

Nun ist Pater Simeon nach Neuzelle berufen worden, um mit seinen Mitbrüdern die Wiederbesiedelung zu prüfen. „Das ich einmal hierherkomme, war kaum vorstellbar. Ich wollte immer in Heiligenkreuz bleiben und dort auch glücklich sterben. Aber der liebe Gott zeigt mir meine Wege. Unsere Lebensversicherung liegt allein in Gottes Hand. Wenn wir Menschen mit unserem schwachen Verstand etwas von seinem Willen erkennen und uns darauf einlassen, dann geht es immer gut. Das ist unabhängig davon, ob es eine Erfolgsstory ist." Dabei kommt er auf die vielen Heiligen zu sprechen und merkt an, dass die „Erfolgsstorys der Heiligen eigentlich Katastrophen sind. Schaut man auf den Heiland und Erlöser, wo endet seine Erfolgsstory? Am Kreuz! Er steigt am Karsamstag in die tiefsten Abgründe, um dann aus dem Grab aufzuerstehen. Damit gibt er uns die Hoffnung, zu der wir alle berufen sind. Wir dürfen nur die Reihenfolge nicht umdrehen. Wir nennen uns Christen. Berufen uns auf Jesus Christus, aber wenn das Kreuz kommt, haben wir alle unsere Scheu – auch ich. Das Kreuz tragen kann nur der, der sich mit Jesus Christus ganz vereinigt."

In Neuzelle spielt die Ökumene eine besondere Rolle, sicher mehr als in seinem Heimatkloster in Österreich. Mit der direkt benachbarten evangelischen Gemeinde, die seit 200 Jahren ihre Pfarrkirche auf dem Klostergelände hat, steht die katholische Gemeinde in gutem Austausch. „Ich war immer bekennender Katholik und jeder wusste das. Ein Dialog kann nur dann stattfinden und fruchtbringend sein, wenn man eine Position hat.

Es nützt nichts zu sagen, wir sind alle gleich, wenn man abends zusammensitzt und Bier trinkt. Das stimmt auch offensichtlich nicht, also ist es besser, wenn wir uns in Liebe sagen, wie wir die Wirklichkeit sehen. Dann leisten wir uns einen größeren Dienst in der Nächstenliebe, als wenn wir uns gegenseitig etwas vormachen. Wir sollten Achtung voreinander haben und uns bemühen, jeden Menschen, den Gott geschaffen hat, zu lieben. Zu dieser Liebe gehört aber auch die Wahrheit, oder was wir glauben, als Wahrheit erkannt zu haben. Nur aus einem liebenden Herzen heraus, das die Wahrheit in sich trägt, kann man Zeugnis geben."

Der Hausobere

Im katholischen Pfarrhaus in Neuzelle ist Pater Simeon der Hausobere der Gemeinschaft, die nun zusammen die Wiederbesiedelung des Klosters prüft. Die ersten Informationen über die Idee, in Neuzelle das ehemalige Kloster der Zisterzienser neu zu beleben, erhielt er von seinem Abt, als vor zwei Jahren schriftlich eine Anfrage dazu von Bischof Ipolt aus Görlitz eintraf. „In der Osterzeit 2016 war der Bischof zusammen mit dem Generalvikar und seinem Pastoralamtsleiter zu Gast bei uns in Heiligenkreuz."

▲ Pater Simeon mit seinen Mitbrüdern auf dem Weg von der Wallfahrtskirche zur Heilig-Kreuz-Kirche in Neuzelle

▲ Briefkasten der Zisterzienser in Neuzelle

Daraufhin fuhren Abt Maximilian, Pater Meinrad und Pater Kilian erstmals zusammen nach Neuzelle, worauf eine weitere Reise im Sommer folgte, „in diesen zwei Wochen war auch ich dabei. Wir haben dann das gemacht, was Mönche am liebsten machen: Wir haben in der alten Klosterkirche zusammen gebetet. Und da merkten wir, ja, das könnte was sein." Mit dem Pfarrgemeinderat und Vertretern aus der Gemeinde gab es dann die ersten Orientierungsgespräche und Kontakte. Auch die lokalen Medien waren da bereits in die Berichterstattung eingestiegen. Einen Monat nach einem weiteren Besuch von Bischof Ipolt im Herbst 2016 stimmte das Kapitel in Heiligenkreuz im November mit großer Mehrheit einer Prüfung zur Gründung eines Priorates in Neuzelle zu. Pater Simeon wurde bereits nach dem ersten Besuch des Görlitzer Bischofs von seinem Abt gefragt, ob er sich diesen Schritt in den Osten der Bundesrepublik Deutschland vorstellen könne. Der Abt entscheidet, wen er wohin schickt, aber er fragt die Mitbrüder vorab nach ihrer Meinung. „Obwohl ich das Kloster nicht kannte, habe ich zugestimmt. Und ich dachte so bei mir, das könnte eine Aufgabe sein, die nicht aus meinem Willen kommt, sondern die etwas mit Gottes Idee zu tun hat."

Auch in Neuzelle kann Pater Simeon seiner Leidenschaft zur Musik intensiv nachgehen. Am 31. Oktober 2017, dem 500. Reformationstag, spielte er in der evangelischen Heiligkreuzkirche bei einem ökumenischen Gottesdienst mit großer Freude und Leidenschaft die Orgel. „Es ist eine Eigenart der Zisterzienser, dass durch die Reduktion vieles intensiver wird. Die Liebe zur Musik ist bei mir im Kloster nicht geringer, sondern viel intensiver geworden. Ich hänge mich nicht an die Musik, sie ist aber ein wesentlicher Katalysator auf meinem geistlichen Weg. Nie werde ich mich an die Fassaden hängen – ob sie romanisch, wie in Heiligenkreuz oder barock, wie hier in Neuzelle sind – sondern ich muss mein Herz ganz an Gott hängen. Menschen wachsen in ihrer Erkenntnis durch die Sinnlichkeit und so ist es legitim, schöne Fassaden zu benutzen, um tiefer an das Geheimnis Gottes heranzukommen."

Mit Blick auf die Pläne der Wiederbesiedelung haben er und seine Mitbrüder die klare Hoffnung, dass es gelingt. „Wir bemühen uns, das zu nehmen, was der Herr uns schenkt, vermittelt auch durch die staatlichen Institutionen, denen hier alles gehört. Gottes Wille und Absicht wird für uns sehr bald erkennbar sein. Wir glauben hier vor Ort an die Zielgerichtetheit unseres Wirkens. Und selbst wenn man annehmen müsste, das Kloster kann doch nicht errichtet werden – ist schon sehr viel Gutes geschehen. Wir leben im Heute und tun das, was der Herr jetzt durch uns getan haben will in dieser Welt. Alles was hier am Ende passieren soll, das legen wir voll Vertrauen in die Hand Gottes."

▲ Pater Simeon im Hof der Theologischen Hochschule in Heiligenkreuz

„Wer sich mit Brandenburg beschäftigt, der kommt an den Zisterziensern nicht vorbei, und wer sich mit den Zisterziensern beschäftigt, der kommt an Brandenburg nicht vorbei"

Der Ökonom: Pater Kilian Müller ist für die wirtschaftliche Basis und die Verhandlungen im Prozess der Wiederbesiedelung des Klosters Neuzelle zuständig.

„Es ist nicht ganz einfach", gibt Pater Kilian Müller zu. Es sei auch für die Ordensmänner eine etwas ungewöhnliche Situation. Wenn man auf mittelalterliche Klostergründungen zurückschaut, war oft ein Stifter vorhanden, der den Mönchen ein Stück Land für ihr Kloster schenkte. „Doch in Neuzelle steht schon ein Kloster, das unsere Mitbrüder im 13. Jahrhundert gebaut und im 17. und 18. Jahrhundert umgebaut und barockisiert haben. 1817 wurde es aufgehoben und ist seitdem kein kirchliches, sondern staatliches Eigentum und steht seit den 1990er Jahren unter Stiftungsverwaltung. Viele Gebäude sind in verschiedenen Nutzungen, so dass für uns auch vollkommen klar ist, wenn dieses Projekt einer Wiederbesiedlung gelingt, dann muss das in einer anderen Weise ablaufen, weil man nicht mehr in die alten Konventsgebäude einziehen kann. Das geht hier nicht mehr und das wissen wir. Und ganz ehrlich: Im Prinzip sind wir auch ganz froh, dass das Kloster nicht mehr unser Eigentum ist."

Der Mönch Pater Kilian arbeitet an vorderster Front an der Umsetzung der Wiederbesiedelung des Klosters Neuzelle. Seit über einem Jahrzehnt ist er Zisterziensermönch im Stift Heiligenkreuz in Österreich. Von seinem Abt Maximilian Heim wurde er 2016 zum Ökonom ernannt, mit dem Ziel der Errichtung eines Priorats. Schon viele Monate vor dem Eintreffen seiner Mitbrüder Ende August 2017 war der stu-

▲ Blick über den Klosterteich auf die Klosteranlage Neuzelle

dierte Betriebswirt regelmäßig vor Ort im Osten Brandenburgs, um die Bedingungen für eine Wiederansiedelung von Zisterziensern in Neuzelle zu prüfen und das Vorhaben voranzubringen.

In den folgenden Wochen und Monaten musste Pater Kilian mit vielen Menschen reden und verhandeln, um die Rahmenbedingungen für die Wiederbesiedelung von Kloster Neuzelle auszuloten. Er führte Dutzende Gespräche und hatte Begegnungen mit verschiedenen Akteuren, wie mit Brandenburgs Kulturministerin Dr. Martina Münch und zuständigen Beamten ihres Ministeriums, dem Geschäftsführer Norbert Kannowsky von der staatlichen Stiftung Stift Neuzelle und mit Mitarbeitern des Bistums Görlitz. Termine gab es auch mit der Leitung der Rahn-Schulen, dem katholischen Kinderhaus, dem evangelischen Pfarrer Martin Groß, Vertretern der katholischen und der evangelischen Kirchengemeinden sowie mit einigen Lokalpolitikern, wie dem Neuzeller Bürgermeister

▲ Pater Kilian begrüßt Ministerin Dr. Martina Münch – in der Mitte Bischof Dr. Markus Dröge und Pfarrer Martin Groß

Dietmar Baesler. „In diesem Prozess merkte ich, das ist alles sehr komplex und es wird durch die vielen unterschiedlichen Interessen nicht einfach."

Den Zisterziensern ist bewusst, dass sie sich bei der Wiederbesiedelung auf kein leichtes Unterfangen eingelassen haben, und ihr Weg wird, wie es in einem weltlichen Lied so schön heißt, kein leichter sein. Somit gesteht sich auch Pater Kilian – ein hochgewachsener, sportlich wirkender Mann, mit wenigen Haaren und markanter Brille – ehrlich ein: „Ich habe selber noch nie ein Kloster gegründet. Ich weiß nicht, wie das geht. Aber man bekommt auch aus dem Glauben heraus Hilfe. Ich habe den Eindruck, dass wir sehr geführt sind. Das ist wie bei einem Navi. Man muss sich bewegen, um zu erfahren, wo es langgeht. Wenn man stehenbleibt, tut sich nix."

Eigentumsfragen und Finanzen

Pater Kilian kennt den enormen Aufwand, wenn es um die Erhaltung von historischen Gebäuden geht und der Denkmalschutz beachtet werden will. Auch in Neuzelle ist die Baulast aus seiner Sicht beachtlich.

„Wenn man sich Neuzelle anschaut, wie es jetzt dasteht und Fotos sieht, wie es noch vor 20 oder 30 Jahren ausschaute, dann bekommt man ein Gefühl dafür, was an Geldern in die Denkmalpflege und Instandhaltung geflossen ist und auch weiter fließen muss. Es kostet enorm viel Geld, so eine Anlage zu erhalten. Auch diese Erfahrungen haben wir in Heiligenkreuz gemacht, die Erhaltungskosten für historische Anlagen sind wirklich immens." Allein aus EU-, Bundes- und Landesmitteln sollen in den vergangenen zwei Jahrzehnten über 50 Millionen Euro in die bauliche Erhaltung des Klosters geflossen sein. Natürlich ist es auch zukünftig notwendig, größere Summen zu investieren, um eine Anlage wie in Neuzelle mit ihren vielen Gebäuden auf dem Klosterareal sowie dem Grundbesitz von über 11 000 Hektar zu erhalten. Schon aus diesem Grund scheint die Frage der Eigentumsrechte in Neuzelle für die Zisterziensermönche aus Österreich nicht Priorität zu haben.

▲ Klostermauer und Kanzleigebäude, im Hintergrund die Klosterkirche

Bei der Finanzierung ihres Vorhabens legen die Mönche ein gesundes Gottvertrauen an den Tag. „Auch wenn Görlitz von der Zahl der Katholiken die kleinste und damit eine der weniger betuchten Diözesen Deutschlands ist, können wir Zisterzienser bei der Finanzierung des Klosters auf die Gestellungsgelder, die das Bistum Görlitz zahlt, bauen."

Stück für Stück übernehmen sie dabei die Pfarrseelsorge. Pater Kilian prüft auch weitere Möglichkeiten, „ob man zum Beispiel über einen kleinen Klosterladen eine zusätzliche Einkommensquelle generieren kann. Für die Aufbauarbeit wird es sicherlich auch eine starke Beteiligung des Volkes Gottes geben. Ich glaube fest daran, dass wir Unterstützungen, wie sie jetzt zum Beispiel schon durch den Verein der Freunde und Förderer existiert, weiter bekommen werden. Hier geht es nicht um ein Experiment, sondern um Grundsätzliches. Nun würden wahrscheinlich die meisten Leute sagen, ja aber die Finanzen sind ja das Grundsätzlichste. Das sehe ich, Gott sei Dank, anders. Das ist alles wichtig, aber das wird irgendwie schon laufen, denn für uns ist klar, wenn aus dem Glauben heraus, dem Gebet heraus, der Herr uns nach Neuzelle ruft, dann wird er auch dafür sorgen, dass zur rechten Zeit die richtigen Ideen und Mittel kommen. Mit der Unterstützung von Wohltätern und Gläubigen sowie des Bonifatiuswerkes werden wir diesen Aufbau schaffen", ist sich Pater Kilian sicher.

▲ Pater Kilian, Pater Simeon, Frater Aloysius, Pater Philemon zur Görlitzer Bistumswallfahrt im September 2017

Bildung – Schule – Klausur

Pater Kilian weiß, „ohne Kompromisse, besonders bei der Frage der Unterkunft und Klausur, wird es keine dauerhafte Lösung geben. Wir müssen dabei auch auf die anderen Perspektiven achten, wenn es um einen neuen Lebensraum für unser klösterliches Leben geht". Diskutiert wird mit der Stiftung Stift Neuzelle und dem brandenburgischen Kulturministerium unter anderem, ob das Kanzleigebäude von den Mönchen genutzt werden kann. Durch die schulische Nutzung auf dem Klostergelände gibt es hier noch Hürden zu nehmen. Allein der Wunsch der Mönche, eine Klosterbesiedelung in Neuzelle zu realisieren, wird am Ende nicht reichen. Da ist auch Pater Kilian ganz realistisch: „Bei allem was inzwischen an Verhandlungen hinter uns liegt, mit Blick auf die Eigentumsverhältnisse und die unterschiedlichen Kräfte, die hier wirken, ist mir eines klar geworden: Einfach wird es nicht und am Ende sollte ein Kompromiss stehen, mit dem alle hier vor Ort gut leben können."

▲ Türbekrönung des Haupteingangs zur Kanzlei mit Jahreszahl 1723

Weil in Neuzelle die historischen Konventsgebäude mit dem Kreuzgang durch Stiftung und Schule belegt sind, muss über Alternativen nachgedacht werden. „Immerhin ist es ein Ort der Bildung und die hat ja in Klöstern immer eine wichtige Rolle gespielt", ist Pater Kilian froh. Weniger froh scheint aber ein gewichtiger Mieter auf dem Klostergelände zu sein: „Wir haben unterschiedliche Institutionen und Gebäude in der Nutzung: von der Sprach- über die Musikschule bis hin zu Internaten", sagt Sven Budach, der ehemalige Leiter des Rahn-Campus in Neuzelle mit über 560 Schülern aus 17 Nationen. „Im Kanzlei-

▲ Türschild Rahn-Schule

▲ Gotthard Dittrich, der Geschäftsführer der Rahn-Education-Group aus
Leipzig

gebäude haben derzeit 120 Musikschüler ihren Musikschulunterricht – nicht nur Schüler unserer Schule, sondern auch Menschen, die aus dem Ort kommen. Die jüngsten sind drei und die ältesten sind 78 Jahre und lernen beispielsweise, Orgel zu spielen. Deswegen ist es für uns als Schule besonders wichtig, dass wir auch einen adäquaten Ersatz für das Gebäude erhalten, um den Fortbestand von Sprach- und Musikschule zu gewährleisten." Auch Gotthard Dittrich, der Geschäftsführer der Rahn-Education-Group – mit weltweit über 6000 Schülern und Zentrale in Leipzig – ist skeptisch. Es stimme schon, dass die Zisterzienser sich immer sehr um Bildung bemüht hätten, aber das Konzept seiner Bildungsarbeit ist „nicht kirchlich, sondern interkulturell geprägt". Die Rahn-Schulen verfolgen einen internationalen Ansatz, „dazu gehören auch Menschen die nicht evangelisch oder katholisch, sondern muslimisch oder buddhistisch sind oder gar keinen Glauben haben". Wenn jetzt Mönche mit „klarer Zielstellung im Kloster einziehen", dann gibt er offen zu: „Die Macht, die ich dahinter sehe, beängstigt mich." Er möchte nicht, dass in Zukunft Abstriche bei seinem Schulkonzept erfolgen. „Ob uns die Räumlichkeiten, die wir für die Musikschule im Kanzleigebäude benutzen, dann noch zur Verfügung stehen?", fragt sich Gotthard Dittrich und gibt die Antwort gleich selbst: „Die Mönche möchten diese Räumlichkeiten gerne."

Erst Student der Kulturwissenschaft an der Viadrina, dann Eintritt in das Kloster Heiligenkreuz

Noch als weltlicher Student der Kulturwissenschaften belegte Pater Kilian Müller 2004 an der Universität Viadrina in Frankfurt/Oder ein Seminar über Bernhard von Clairvaux und die Zisterzienser. Heute weiß er, „wer sich mit Brandenburg beschäftigt, der kommt an den Zisterziensern nicht vorbei und wer sich mit den Zisterziensern beschäftigt, der kommt an Brandenburg nicht vorbei". Später im Seminar gab es weitere spannende Informationen über die ehemaligen Klöster Chorin, Lehnin und auch Neuzelle. Sein Studium der Kulturwissenschaften an der Viadrina und die dortige Beschäftigung mit dem Wirken der Zisterzienser wurde für ihn zum Auslöser und Wendepunkt, für das, was sein Leben von Grund auf verändern sollte: „Von dort aus machte ich im Sommer 2006 für eine Woche ‚Kloster auf Zeit' in Heiligenkreuz und blieb dort. Das ist jetzt zwölf Jahre her. Und ich werde immer mal wieder gefragt, ob ich es jemals bereut habe. Nein, noch keinen einzigen Tag, noch nicht mal eine Sekunde meines Lebens."

Dennoch spricht er offen und ehrlich darüber, dass es für ihn als damals knapp Dreißigjährigen nicht immer einfach war. „Es gab Abschnitte, in denen ist klösterliches Leben nicht immer leicht. Wer noch einmal ganz bei null anfängt und in ein ganz neues

◀ Pater Kilian (Bildmitte) mit seinen Mitbrüdern vor der Philosophisch-Theologischen Hochschule in Heiligenkreuz

▼ Pater Kilian erklärt Besuchern das Chorgestühl in Heiligenkreuz

Fach einsteigt, weiß: Das kostet natürlich auch Überwindung." Sein Weg ins Kloster, um Mönch zu werden, „das war kein Sonntagsspaziergang. Das ist ein völlig neuer Lebensweg mit einem vorher nicht gekannten Lebensprogramm. Die ersten Jahre waren sehr, sehr anstrengend – nicht nur für einen selber, sondern auch für die, die mit einem leben. Das gehört in der Gemeinschaft auch dazu, dass man einander aushält", sagt er rückblickend mit leiserer Stimme und dabei kommen ihm einige Tränen.

Sein Studium in Frankfurt/Oder schloss er nicht ab, sondern begann, katholische Theologie an der Hochschule „Papst Benedikt XVI." in Heiligenkreuz zu studieren. Einen Abschluss als Diplomkaufmann hatte er bereits an der Universität in Bamberg erworben. Er schloss 2013 sein theologisches Magisterstudium ab. Im Frühjahr 2013 wurde er zum Diakon und im Herbst zum Priester geweiht.

Kindheit und Jugend in Hessen

Pater Kilian Müller stammt aus einer eher evangelisch geprägten Gegend, der Wetterau in Hessen. Schon in seiner Heimat traf er erstmals als Kind auf das Erbe der Zisterzienser in Form der Ruine des ehemaligen Klosters Arnsburg. „Aber ich sah das Bauwerk immer

▲ Besucher im Kreuzgang in Heiligenkreuz

eher als kultur- und architekturhistorisch Interessierter und weniger mit einem Glaubenshintergrund." Trotzdem hat ihn die Besonderheit klösterlicher, und besonders zisterziensischer Orte in ganz Europa immer angezogen. Ansatzweise setzte sich aber der heutige Mönch schon während seiner Schulzeit mit dem Glauben auseinander.

„Ich ging auf ein katholisches Gymnasium und hatte dort erstmals auch Freunde, die wirklich praktizierende Katholiken waren. Damals hatte ich schon einmal den Impuls, katholisch zu werden – einfach weil mich die Atmosphäre bei den katholischen Gottesdiensten immer wieder fasziniert hat. Aber das hat damals offenbar für die Konversion noch nicht ausgereicht." Einer seiner besten Freunde hat ihm einmal verraten, dass er vielleicht Priester werden wolle. „Ich habe ihn oft damit aufgezogen und Witze darüber gemacht. Heute ist er verheiratet – und ich bin Priester geworden. Das habe ich nun davon!", erzählt der Mönch lachend.

Eigentlich wollte der evangelisch getaufte Christian Müller in der Luftfahrtbranche Karriere machen. Aber rückblickend meint er, „fehlte es mir an Herzblut für diesen Job, ebenso wie bei späteren Stationen in der Unternehmensberatung oder der Kulturverwaltung." Um ein wenig innere Ruhe zu finden, ging er im Spätsommer 2006 für eine Wo-

▶ Pater Kilian auf der Chorempore in Neuzelle

che als Kloster-auf-Zeit-Gast ins Stift Heiligenkreuz. „Gefunden habe ich Heiligenkreuz über Google: Ich gab einfach ‚Kloster auf Zeit' ein und fand dann die Internetseite des Klosters. Ich war einigermaßen erstaunt, dass es noch Zisterzienser gibt, denn ich hatte ja zumeist leere oder ruinierte Klöster gesehen, aber noch nie bewusst einen lebenden Zisterzienser. Die ersten Tage in Heiligenkreuz waren einerseits fremd, andererseits war ich beeindruckt von der Gastfreundschaft, der Fröhlichkeit und den vielen Mönchen aller Altersgruppen. Am dritten Tag, einem Herz-Jesu-Freitag, ging ich dann mit zur Jugendvigil, die einmal monatlich im Kloster stattfindet. Und dort hat es mich ‚erwischt': Völlig unerwartet hatte ich das, was man wohl eine Gottesbegegnung nennt. Es ist schwer, dafür Worte zu finden, aber es dauerte ziemlich genau drei Tage und hat mein Leben radikal verändert. Ich wusste ganz klar, was nun zu tun war. So habe ich dann ziemlich schnell meine Zelte in Berlin abgebrochen und bin nicht einmal zwei Wochen nach meiner ersten Ankunft in Heiligenkreuz dort eingezogen – und geblieben. Kurz darauf bin ich zum katholischen Glauben konvertiert, wurde Kandidat und habe in Heiligenkreuz mit dem Theologiestudium begonnen."

In Brandenburg spürte der Zisterziensermönch schnell die Unterschiede zwischen dem Leben rund um sein Mutterkloster in Österreich und dem Leben in der Diaspora. „Brandenburg ist jetzt nicht unbedingt wie Österreich gleich ‚klösterreich'", sagt er lachend. Bei vielen Menschen sei auch gar kein Bewusstsein oder Wissen da, was ein Kloster überhaupt ist. „Es ist halt mehr als die Gebäude. Und dann merkt man, dass man manchmal ein bisschen aneinander vorbeiredet. Wenn wir Mönche vom Kloster sprechen, dann reden wir vor allem von der klösterlichen Gemeinschaft, dem monastischen Leben. Wenn andere Leute hier aus der Gegend vom Kloster sprechen, dann meinen sie oft nur die Gebäude. Für uns ist das aber eine Einheit, die man nicht trennen kann. Im Moment ist das, was in Neuzelle existiert, immer noch ein ehemaliges Kloster."

Pater Kilian kann diese Meinungen sehr gut nachempfinden, da er vor über einem Jahrzehnt dem monastischen Lebensideal noch ziemlich fern war und ein „richtiges Studentenleben" führte, wie er sagt. „Vor meinem Ordenseintritt kam ich ja selber aus einem ziemlich unwissenden Kontext und musste auch erst einmal lernen, was das Klosterleben eigentlich ist. Viele Vorurteile oder Scheinwissen haben mit der Realität eines heutigen klösterlichen Lebens nicht mehr viel zu tun."

▲ Detail der alten Handwasserpumpe in Neuzelle neben dem katholischen Pfarrhaus

▲ Es gibt Unterschiede im Glaubensleben zwischen Berlin-Brandenburg und Österreich. Dennoch sind die Christen auch im Osten Deutschlands engagiert, wie der jährliche Bußgang der Berliner Katholiken beweist.

▲ Blick vom katholischen Pfarrhaus zur Marienkirche

Entscheidung für Neuzelle

Zu seiner Entscheidung für Neuzelle führten äußere und innere Eindrücke. Was waren Pater Kilians erste Impressionen in Neuzelle? „Mein erster Eindruck: Es ist ein schöner Ort! Diese barocke Ausstattung ist für jemanden, der aus Österreich kommt, sehr vertraut und ein bisschen wie daheim." Aber nicht nur die Äußerlichkeiten waren für den Ordensmann entscheidend. Auch was er innerlich fühlte, wenn es um die Stundengebete in der Marienkirche, die Gottesdienste und das stille Gebet ging, das alles war ihm wichtig. „Klar liegt Neuzelle so ein bisschen am Rand von Deutschland, etwas abseits. Doch als wir in der Kirche in Gemeinschaft beteten und sangen – da war für uns ziemlich schnell klar, das fühlt sich gut an. Es hat wirklich viel mit dem Herzen zu tun. Und auch die Art und Weise, wie der Bischof von Görlitz, Wolfgang Ipolt, mit diesem Anliegen an uns herangetreten ist, wie er darüber gesprochen hat, zeigt uns, das ist wirklich durchbetet. Es ist jetzt schon ein geistliches Zentrum für diese Diözese und für Menschen auch aus Berlin."

Noch wichtiger waren ihm die Begegnungen mit den Menschen „und die hauten mich immer wieder um: die Gradlinigkeit, Herzlichkeit und Ehrlichkeit". Als die Mönche im schwarz-weißen Habit zum ersten Mal in Eisenhüttenstadt waren, wurden sie auf der Straße auf ihr Ordensgewand angesprochen „viele kannten das überhaupt nicht und konnten sich nicht vorstellen, warum da jetzt zwei, drei Leute in so einem Gewand rumrennen, außerhalb der Faschingszeit", erzählt er lachend.

Aufbauarbeit Ost

„Für diese „Aufbauarbeit Ost" gab es nun ein erfahrenes, gut eingespieltes und eingesungenes Team": Denn Pater Simeon war es, der Pater Kilian in den Jahren nach dem Noviziat zum Kantor ausgebildet hat. Aber auch in der Pfarrseelsorge haben sie zwei Jahre lang gut zusammengearbeitet. Pater Simeon war damals Pfarrer von Heiligenkreuz und Pater Kilian sein Kaplan. Vielleicht auch aus diesem Grund überhöht er mit einem Schmunzeln etwas die Entscheidung seines Konvents: „Wir sind eine starke Truppe. Wir kennen uns gut und wissen um die Stärken, aber auch um die Schwächen des anderen."

Als Pater Kilian in München seinem Promotionsstudium in Pastoraltheologie nachging und in der Karwoche 2016 in sein Kloster in den Wienerwald fuhr, gab es ein vertrauliches Treffen im kleinen Kreis mit Vertretern des Bistums Görlitz, an dem er auf Bitten seines Abtes teilnahm. Dort wurde vereinbart, dass eine Abordnung von Mönchen sich bei mehreren Besuchen vor Ort in Neuzelle ein Bild von der Lage, den Möglichkeiten und Vorrausetzungen für klösterliches Leben macht. Die Entscheidung für eine längere Prüfung in das ehemalige Koster Neuzelle zu gehen, schildert Pater Kilian, wie

folgt: „Dann kam der 10. November 2016, an dem das Kapitel darüber abstimmte, ob wir grundsätzlich dieses Projekt weiterverfolgen wollen. Das Kapitel ist die Versammlung aller Mönche mit feierlicher Profess, also wer noch nicht die feierliche Profess und seine Gelübde bis zum Tod auf unser Kloster abgelegt hat, gehört nicht dazu. Etwa 50 Patres kamen zur Abstimmung und ein Großteil stimmte mit ‚Ja‘. Das war ein Zeichen einer großen Einheit und eines großen Vertrauens in unsere Pläne." Kurz darauf trat sein Abt mit dem Wunsch an ihn heran – zusammen mit dem designierten Gründungsprior Pater Simeon – als Ökonom für die Prüfung der Klostergründung nach Neuzelle zu gehen.

▲ Pater Kilian, Pater Philemon, Frater Aloysius, Pater Simeon auf einer Brücke im Klostergarten Neuzelle

Für „Ora et labora" benötigen Mönche klare Raumkonzepte

Für die Zisterziensermönche manifestiert sich ihr Ordensleben seit Jahrhunderten auch in den Baulichkeiten sowie der Architektur ihrer Klöster. „Die architektonische Gestaltung bei benediktinisch geprägten Klöstern fußt auf unserem Lebenskonzept des Glaubens. Wir haben Gebäudetrakte für das Ora – für das Gebet – das ist die Kirche. Und wir haben Gebäude für das Labora – das sind die Wohn- und die Arbeitsräume. Beides ist durch den Kreuzgang miteinander verbunden, also ein anthropologisches Konzept. Wir haben keine Trennung zwischen einem Glaubens- und einem Arbeitsleben oder ei-

▶ Pater Kilian bei einem Besuch am Berliner Stadtrand

nem Privatleben und einem Arbeitsleben, sondern das Ganze ist immer eine Einheit. Das heißt, wenn wir beten, dann ist das unsere Arbeit und wenn wir arbeiten, ist das auch unser Gebet. Das fließt ineinander über. Wir sind an keinem Zeitpunkt des Tages nicht Mönche, sondern wir sind es immer. Und der Ausdruck dafür ist dieses Ordensgewand."

Auf Dauer können Mönche nicht im Pfarrhaus wohnen. „Und ob wir etwas Neues bauen oder umbauen, ohne die Baustruktur zu stören, ist noch offen." Auch wenn es diese unterschiedlichen Nutzungen in den Gebäuden des Klosters Neuzelle gibt, sehen sich die Mönche auf einem guten Weg. Pater Kilian glaubt an ein Gelingen der Pläne einer Wiederbesiedelung – selbst wenn zur geplanten Eröffnung im Spätsommer 2018 noch vieles nicht fertig sein wird.

„Es wird auf jeden Fall noch eine Weile mit einem Provisorium weitergehen und wir rechnen nicht mit einer schnellen Lösung. Wenn man bedenkt, wie viele Jahrhunderte an fast allen Klöstern gebaut wurde, dann haben wir schon diese Geduld und den langen Atem. Dennoch ist es meine Aufgabe, kein ewiges Provisorium zu zementieren, sondern mit Blick auf die Errichtung des Priorats, Voraussetzungen für eine Klausur in Neuzelle zu schaffen, die unserer mönchischen Ordnung entspricht."

In der Erweckung eines wirklichen Klosterlebens sieht Pater Kilian nicht nur Vorteile für seinen Orden und die katholische Kirche, sondern für alle im Ort wirkenden Menschen. Deshalb bleibt er optimistisch. „Ich habe immer noch die Hoffnung, dass alle Beteiligten wirklich guten Willens sind, dass es klappt. Ich glaube, die Wiederbesiedelung von Kloster Neuzelle wird für niemanden ernsthaft zu einem Nachteil werden. Im Gegenteil, unser Wirken sollte in jeder Hinsicht ein Gewinn für Neuzelle und auch für das Land Brandenburg werden und zwar ökonomisch, touristisch, kulturell und vor allem spirituell!"

„Vergiss bitte da Herrgott net!"

*Der Lehrer: Pater Philemon Dollinger und die
katholische Schule*

„Wenn Gott von mir will, dass ich hier als Lehrer für ihn
wirke, dann ist das ein weiterer Schritt in meine Berufung,
das gehört zu meinem Weg in die neue Fülle. Zugegeben:
Meine Wunschvorstellung war es zunächst nicht, Grundschullehrer zu werden. Ich hätte mir auch andere Einsatz-
möglichkeiten vorstellen können. Aber ich glaube, dass ich
als Lehrer hier in Neuzelle den Willen Gottes erfülle. Jesus
sagte im Evangelium einmal zu seinen Jüngern: ,Wer mir
nachfolgen will, der nehme sein Kreuz auf sich und folge
mir.' Das galt nicht nur damals, das ist auch der Aufruf an
uns heute. In diese Aussage habe ich tiefes Vertrauen, weil
Gott uns nicht fehlleitet. Zum Kreuztragen gehört es auch,
dass man manchmal Dinge annimmt, die man sich selbst so
nicht auswählen würde." Pater Philemon Dollinger war bis
Juli 2017 zunächst Diakon und dann Kaplan in den vom
Stift Heiligenkreuz im Wienerwald betreuten Pfarreien
Trumau und Pfaffstätten. Dann ist er dem Ruf der Prüfung
einer Wiederbesiedelung von Kloster Neuzelle ebenso gern
gefolgt wie seine Mitbrüder.

Pater Philemons Herkunft aus Baden-Württemberg, wo
er 1980 in Ochsenhausen geboren wurde, hört man ihm
sprachlich nicht an. Er wurde in eine katholische Familie
hineingeboren und beschreibt sein Umfeld mit „Kulturka-
tholizismus". Das ist keineswegs nur negativ gemeint. Sonntags ging er mit der Familie in die Kirche. Er war Minist-
rant „und selbstverständlich feierten wir die hohen Feste im
kirchlichen Jahreskreis. Doch darüber hinaus gab es keine
existenzielle Berührung mit dem Glauben für mich", erzählt
er offen. Die Großeltern spielten rückblickend eine wichtige Rolle für seinen Glaubensweg.

▲ Pater Philemon Dollinger bei der
Görlitzer Bistumswallfahrt im September 2017

▲ Das St.-Florian-Stift in Neuzelle, in dem eine integrative Grundschule untergebracht ist

▲ Putto vor der Wallfahrtskirche mit der Anbetungsformel: „Wir loben und ehren Dich"

Das wurde ihm bei der Feier seiner ersten heiligen Messe, die er im Heimatort der Großeltern leitete, sehr deutlich. Er stand am Altar der Kapelle in Weihungszell und zelebrierte, als er durch die Fenster das Haus seiner Großeltern sah. „Bei der Wandlung wurde mir klar: Die Großeltern sind noch da – und sie freuen sich über meine Weihe zum Priester." Dieses Gefühl der großelterlichen Präsenz hatte er bereits kurz zuvor schon einmal innerlich erfahren, nämlich während seiner Priesterweihe durch Kardinal Christoph Schönborn, den Wiener Erzbischof, der ihm am 30. April 2017 in der Stiftskirche von Heiligenkreuz das Sakrament spendete.

„Jede Mahlzeit leiteten die Großeltern mit einem Gebet ein und zeichneten mit dem Messer auf jeden frischen Laib Brot ein Kreuz. Oma sagte immer zu mir beim Abschied: ‚Gell, vergiss net zu beta und vergiss bitte da Herrgott net.' Nach dem Tod meiner Großmutter kam dann für mich die Zeit der Glaubensunsicherheit." Zwar bewunderte er die lebendigen Rituale in seiner Familie, „aber als junger Mensch blieb vieles ohne Zugang, und was aus der Kirche kam, war für mich meist nur Oberfläche." Seine Fragen in der Pubertät nach Freiheit, Wahrheit und Liebe wurden ihm vom Glauben her damals nicht beantwortet. Das sollte sich erst später in Heiligenkreuz ändern.

Während des Lehramtsstudiums für die Fächer Geographie, Englisch und katholische Religion in Karlsruhe kam es im Sommersemester 2008 erstmals „durch Fügung von oben" zum Kontakt mit den Zisterziensern aus dem Wienerwald. „Ohne damals ein Kloster zu suchen, lernte ich Pater Karl bei einer Veranstaltung der Katholischen Hochschulgemeinde in Wien mit etwa 200 Teilnehmern kennen. Ich wusste, dass Pater Karl neben der Presse- und Öffentlichkeitsarbeit auch an der Hochschule für die Priesterbildung im Stift Heiligenkreuz im Wienerwald zuständig war. „Irgendetwas in mir sagte damals: Sprich ihn einfach an." Und so ging er auf den Mönch mit den Worten zu: „Pater Karl, ich will Priester werden!" Der Zisterzienser schaute den damaligen Lehramtsstudenten nur kurz von der Seite an und erwiderte mit einem Lächeln: „Das habe ich eh gerochen. Kannst du nach Heiligenkreuz kommen? Schau dir unser Kloster an!" Pater Karls „Riecher für Berufungen" haben ihm später auch andere in Heiligenkreuz bestätigt.

Berufung

Und so kam Ingo Dollinger im Mai 2008 das erste Mal nach Heiligenkreuz und „sah dort viele junge, fromme Menschen, die Gott mit ihrem Gesang lobten. Schon bei der ersten Vesper spürte ich ein tiefes Gefühl von Heimat." Dennoch dachte er beim Verlassen des Klosters, als er nach vier Tagen von Heiligenkreuz wieder zur Fortsetzung seines Studiums fuhr, so bei sich: „Oh, ihr Armen müsst jetzt hier drinnen bleiben." Doch schon bei seinem nächsten – und nach jedem weiteren – Besuch „stellte ich mir die Frage: Wohin gehe ich da jetzt eigentlich? In welche Form von vermeintlicher Freiheit? Denn ich spürte von Mal zu Mal: Hier ist es richtig, das ist mein Ort." Ob es Zweifel gab? „Sicherlich. Würde mich der Eindruck über den momentanen Wohlfühlmoment hinaus dauerhaft tragen? War alles letzten Endes bloß ein Strohfeuer?", fragte er sich. „Derartige Fragen, die in den Bereich des Glaubens fallen, lassen sich nicht auf denkerischer Ebene beantworten. Glaube ist Wahrheit, und Glaube als tiefe Gewissheit ragt gewissermaßen über den Verstand hinaus, übersteigt diesen. Denn alles, was man im Glauben erfährt, ist nicht mit dem Verstand einfach gegenzuprüfen. Oder anders formuliert: Der Glaube ist nicht widervernünftig, sondern übervernünftig. Eine endgültige Absicherung auf rationaler Ebene gibt es nicht." Und so testete Ingo Dollinger sein Gefühl in einer Zeit der Probe und des Mitlebens mit den Mönchen vor Ort. Er wollte die Antworten auf seine Fragen nach Wahrheit, Freiheit und Berufung im Leben mit der Gemeinschaft finden. In den Semesterferien ging er nun regelmäßig nach Heiligenkreuz. Zurück an der Pädagogischen Hochschule in Karlsruhe, empfand er immer „dieses tiefe Verlangen, wieder ins Kloster zu gehen – ähnlich wie das Gefühl des Verliebtseins in einen Menschen. Einfach nur beieinander sein – das reicht dem Verliebten." Er spürte den Schmerz der Trennung, wenn er nicht im Kloster war. So trat er drei Tage, nachdem er 2011 in Pforzheim sein Referendariat abgeschlossen hatte, als „Kandidat" in das Zisterzienserkloster ein.

„Als Jugendlicher und junger Erwachsener wollte ich mit Sicherheit nie in ein Kloster. Ich wusste gar nicht, dass es das heute noch gibt. Aber irgendwie hatte ich das große Glück, von Gott für das monastische Leben gefunden und ermutigt zu werden. Die Berufungen der ersten Jünger Jesu bestanden im Kern lediglich aus einem Satz: ‚Folgt mir nach!' Und sie waren konsequent und haben alles verlassen." Es war für ihn wichtig, dass es über den familiären Kreis hinaus jemanden gab, der sich mit den existentiellen Fragen auskennt. „Mein damaliger geistlicher Begleiter verhalf mir zu der Erkenntnis: Gott meint wirklich mich; und zwar ganz, mit aller Konsequenz." Freunde und Familie reagierten unterschiedlich auf seine neue Lebensperspektive und den festen Entschluss, ins Kloster zu gehen, „Es gab ehrliches Interesse, aber auch Befürchtungen. Letzteres hat sicherlich auch mit der Unkenntnis vieler Menschen über das Leben im Kloster zu tun. Seine Entscheidung hatte auch Auswirkungen auf den Glauben seiner Familie und seinen Freundeskreis. „Der Bruder, der Sohn, der Freund geht ins Kloster ... Wie gehe ich mit diesem Schritt um? Berufung ist nie Privatsache. Diese Berufung war zwar ein konkretes Rufen an mich. Aber der Ruf forderte gleichzeitig auch mein Umfeld heraus."

▲ Auszug der Fahnenträger und der Geistlichen bei der Bistumswallfahrt 2017

▲ Ornament mit gläubigem Kind
über dem Haupteingang zum
St.-Florian-Stift

Freiheit im Glauben

Hat sich also Pater Philemons Glaube mit zunehmenden Alter intensiviert? – „Ja, das würde ich schon so sagen. Berufungswege sind immer einzigartig und haben mit dem bisherigen Lebensweg zu tun. Manche werden sehr schnell auf den Weg ins Kloster geführt; bei manchen klopft Gott am Anfang sehr deutlich an. Ein englischer Kardinal hat das Glaubensleben einmal folgendermaßen beschrieben: Es ist ein bisschen so wie Versteckspielen: Mal versteckt Er sich; mal versteckt man sich selbst. Bei mir war es ein längerer Prozess. Zwischen Sechzehn und Fünfundzwanzig war ich kaum noch in der Kirche, nur aufgrund familiärer Gepflogenheiten hin und wieder. Innerlich sprach mich der Glaube zu dieser Zeit kaum mehr an. Ich hatte mich weit von Gott entfernt, aber gleichzeitig ein Verlangen nach Sinn gefühlt. Ich meinte, der Freiheit auf der Spur zu sein. Aber das Gegenteil war der Fall. Freiheit im Glauben bedeutet Ja zu sagen zu Gottes Willen. Wer da einwilligt, erhält von Gott in wunderbarer Weise Zugang zu einer tieferen Schicht des Menschseins. Dieser Zugang kostet aber auch: Es ist ein Zerren, ein Rangeln, ein Buhlen um die Seele und den eigenen Willen – denn es ist der Ernst der wirklichen Liebe. Gott gewährt uns auf dem Weg der Berufung hin und wieder Einblicke in seine Pläne mit uns. Wer Gottes Ruf hört, kann immer tiefer in das große Geheimnis der eigenen Berufung eintauchen. Das ist die große und wunderbare Chance des Lebens."

Als Zisterzienser hat Pater Philemon etwa dreieinhalb Stunden am Tag Chorgebet und heilige Messe. Dazu kommen privates Gebet und geistliche Lesung. „In dieser Zeit ist man bisweilen sehr stark auf sich zurückgeworfen." Wenn die Mönche zur Sext am Mittag gehen, dann reflektieren sie den Vormittag des Tages in Form eines Schuldbekenntnisses: Was lief bislang am heutigen Tag nicht so gut? Das Gleiche findet am Abend nach der Komplet, dem letzten Gebet des Tages, statt. „Im monastischen Ablauf gibt es quasi geistliche Aussichtsplattformen, wo man sich mit dem Herrn und sich selbst intensiv beschäftigt. Das führt einen tiefer in die eigene Existenz. Unser Gebet schafft dafür Ordnung. Orden und Ordnung gehören begrifflich zusammen. Es ist für viele Menschen ein Paradoxon, dass unsere strenge Ordnung innere Freiheit bringt. Aber es ist tatsächlich so. Es ist wie in der Beziehung zwischen Menschen: Wer sich dauerhaft an eine Person bindet, begibt sich intensiver in diese Beziehung, als wenn er dauerhaft ungebunden zusammenlebt."

Schulalltag und Stundengebet

Mittlerweile hat Pater Philemon, der Lehrer für das Fach Religion an der integrativen katholischen Grundschule ist, einiges an Schulerfahrungen in Neuzelle gesammelt. Es war für ihn anfangs schon eine Umstellung mit der sechsjährigen Grundschulzeit. „Es ist

eine ziemlich große Spanne, die man methodisch und pädagogisch überbrücken muss", erläutert er die inhomogene Zusammensetzung der Klassen an der staatlich anerkannten Privatschule in Neuzelle, „an der nur etwa 2 bis 3 Schüler pro Klasse katholisch getaufte Kinder sind". Er muss kleine Kinder unterrichten, die als Schulanfänger noch gar nicht lesen und schreiben können, und hat bei den Klassen fünf und sechs bereits mit Kindern zu tun, wo sich erste Anzeichen der pubertären Phase zeigen. „Ich musste hier neu denken lernen und kam in den ersten Wochen oft an meine Grenzen", gibt er ohne Umschweife zu. Und es gibt an dieser integrativen Schule ein breites Spektrum: „Von Kindern mit Downsyndrom bis zu Gymnasiasten findet man alles in einer Klasse." Besonders bei den Kindern mit Einschränkungen nimmt er die überdurchschnittliche Dankbarkeit wahr. „Das kommt von innen und ist Ausdruck einer Freude, die auch mich beglückt und immer wieder überwältigt. Man erhält viel zurück", sagt er gerührt. Es gab aber schon Situationen, die es zu meistern galt. So zum Beispiel mit einem autistischen Kind der Oberstufe, das die ersten zwei Schulwochen nicht in den Unterrichtsraum ging, sondern vor der Tür stehen blieb, „weil er in mir einen Geist gesehen hat".

Zukünftig will er die Wallfahrtskirche und das Klostergelände mehr in den Unterricht einbinden, „da könnte man im Unterricht behandelte Inhalte den Kindern durch die Kunstwerke erklären; etwas berühren, den Kirchenraum ganz anders erfahren und erleben – das ist intensiveres Lernen als im Klassenraum".

▶ Religionslehrer Pater Philemon und Schulleiterin Dr. Dörte Fiedler

▲ Türbekrönung am Eingang zur früheren Bibliothek im Kreuzgang-Nordflügel

▲ Blick auf Teile des Klosters in Heiligenkreuz vom Eingang der barocken Kreuzweganlage

Jeweils am Dienstag und Donnerstag ist er von der ersten bis zur vierten Stunde in der Schule in insgesamt acht Klassen. Das hat natürlich Auswirkungen auf sein Leben als Ordensmann, „denn da fallen Terz und Sext in die Arbeitszeit. Das ist nicht ganz ideal, weil zu dieser Zeit unsere Gemeinschaft das Chorgebet hat".

Übergangslösung im Pfarrhaus

Herausforderungen sind für Pater Philemon neben den schulischen Aufgaben auch die „suboptimalen Bedingungen", unter denen er und seine Mitbrüder in Neuzelle leben. Die neuen Neuzeller Mönche wissen, dass sie nicht auf Dauer in einem Pfarrhaus wohnen werden. „Es darf uns auf gar keinen Fall passieren, dass wir zu einer Männer-WG werden. Wenn ich auf die Mitbrüder schaue, haben fast alle während des Studiums in WGs gelebt. Das hatte in dieser Zeit seine Berechtigung. Aber für ein Klosterleben ist das nicht geeignet. Wir brauchen gewisse Räumlichkeiten, die auch die Statuten der Zisterzienserkongregation für eine Neugründung vorsehen. Das Pfarrhaus ist für uns ein Provisorium, eine Übergangslösung. Aber es müssen sich Perspektiven auftun."

Von Heiligenkreuz sind die Ordensmänner gewohnt, in einer großflächigen Anlage zu leben. Dort gibt es Regularräume, einen Kreuzgang, einen Klostergarten und Räume, zu denen außer den Mönchen niemand Zutritt hat. Diese Klausur fehlt derzeit in Neuzelle.

Zum Chorgebet muss man in Heiligenkreuz nicht durch Wind und Wetter auf einem ungeraden und schlecht ausgeleuchteten Weg laufen, wie das hier in Neuzelle der Fall ist. Die Mönche brauchen einen Weg in das Haus Gottes, der sie innerlich auf das Gebet vorbereitet.

„Wir empfinden hier manches Mal eine architektonische Enge, die wir von unserer Abtei in Heiligenkreuz nicht gewohnt sind." Der Kreuzgang in Neuzelle ist Teil des Museums der Stiftung Stift Neuzelle und wird von Touristen genutzt. Traditionell verbindet der Kreuzgang Schlaf- und Wohnräume der Mönche mit der Kirche. Diese geistliche und liturgische Einbindung ist für ein Klosterleben existenziell. „Unsere Gründungsväter wussten schon, warum sie diese Einteilung so wählten." Um mit der für sie ungewohnten Situation zurecht zu kommen, entschieden sich die Mönche, die ersten drei Monate erst einmal alles so zu lassen, wie sie es vorfanden. Dann wollten sie noch einmal neu über die Abläufe nachdenken.

Auch die Einbindung in die Pfarrei mit einem offenen Pfarrhaus und vielen Besuchern ist für die Mönche „einerseits eine ziemliche Herausforderung, andererseits aber eine Chance, pastoral zu wirken. Die Begegnungen mit den Menschen sind für uns vielfach bereichernd." Um viele Dinge müssen sich die Zisterzienser im Neuzeller Pfarrhaus selber kümmern: Kochen, Waschen, Bügeln, Putzen etcetera. Das ist zeitaufwändig, gehört aber eigentlich auch zum monastischen Leben dazu. Dadurch ist der Alltag gut ausgefüllt. Immerhin schafft es Pater Philemon nebenbei, Gitarre bei der Musiklehrerin in seiner katholischen Neuzeller Schule zu lernen. „Ich singe gerne und möchte dies auch im Religionsunterricht tun. Dazu ist ein Begleitinstrument beinahe unersetzlich."

Glaube und Zweifel

Pater Philemon ist ehrlich zu sich. Er weiß: „Wenn ich im Kloster bin, heißt das noch nicht, dass ich ständig beim Herrn bin. Da kommen alle möglichen und unmöglichen Gedanken, die eben zum Leben gehören. Bei meiner Berufung habe ich eindeutig gespürt, dass Gott mich als Mönch haben möchte. Dennoch gibt es auch Phasen der Trockenheit, der Dunkelheit, in denen man existenziell erschüttert wird, wo alles kalt um einen ist. Dann kommt die Frage: Was ist, wenn es doch nicht stimmt mit dem Glauben? Aber nach der Dunkelheit kommt wieder das Licht!" Dabei denkt er an die Vorlesung „Einführung in das Christentum", die Joseph Ratzinger 1967/68 in Tübingen hielt. Dort heißt es an einer Stelle sinngemäß: Der Zweifel gehört sowohl für den gläubigen als auch für den ungläubigen Menschen immer dazu. Beide haben gewissermaßen Anteil am Zweifel, von unterschiedlichen Seiten her. Der Ungläubige muss sich, wenn er es ehrlich meint, immer wieder mit der Frage konfrontieren lassen: Und was, wenn es doch stimmt, was der Glaube sagt? Aber auch der Gläubige wird in Situationen kommen, in denen sein Glaube an Grenzen stößt. So ist der Zweifel Ort der Begegnungen zwischen Gläubigem und Ungläubigem. Es ist kein Widerspruch, grundsätzlich gläubig zu sein und dennoch immer wieder auch Zweifel zu haben: „Ich wurde von Gott berührt, das ist mir persönlich Beweis für seine Existenz – auch weil ich nie dachte, einmal selbst Mönch zu werden. Die Phasen des Zweifelns gehören zur Vertiefung des Glaubensweges. Wir sind da übrigens auch in guter Gesellschaft. Und er zitiert die Heilige Schrift: Als die Jünger den auferstandenen Christus sahen, heißt es dort: Aber einige zweifelten. Der Zweifel als Grundhaltung bildet aber nicht die Entscheidung für das Leben als Mönch. Nur die Begegnung mit Christus kann tragender Grund einer monastischen Berufung sein."

Nachsatz: Nach dem ersten Schulhalbjahr wurde Pater Philemon nach Heiligenkreuz zurückberufen. Ein anderer Bruder soll zukünftig seine Aufgaben übernehmen.

▲ Ausstellungsraum in der alten Klausur des Klosters Neuzelle mit gotischen Gewölben

„Mein Ordensleben habe ich dem Rosenkranz und der Muttergottes zu verdanken"

Der Organisator und Hausmann: Frater Aloysius Maria Zierl ist für Küche, Herd und Einkauf verantwortlich

Mit gerade einmal 27 Jahren ist Frater Aloysius der jüngste „Wiederbesiedler" der Mönche in Neuzelle. Sein Dialekt verrät seine Herkunft: das Allgäu im Süden Bayerns. Hier wurde Florian Zierl 1989 in Marktoberdorf, einer Stadt mit etwa 18 000 Einwohnern im Alpenvorland geboren. Hier wuchs er zusammen mit einer Schwester auf und besuchte bis zum Abitur die Schule.

Der Lebensweg des jungen Mönches hört sich sehr geradlinig an. Geboren um Mönch zu werden? Aber im Gespräch mit ihm über sein bisheriges und aktuelles Leben zeigen sich dann doch Differenzierungen.

Natürlich wurden er und seine zwei Jahre ältere Schwester, die heute als Lehrerin arbeitet, katholisch getauft, sie empfingen beide die Erstkommunion und später die Firmung. „Aber der Glaube war bei uns nicht so dominant, dass er unser tägliches Familienleben prägte – so fromm waren wir nicht. Religion und Zwang, das passt nun einmal nicht zusammen. Nur bei der Oma wurde vor dem Zubettgehen am Abend gebetet. Das war bei uns zu Hause eher unüblich." Seinen Entschluss, in ein Kloster einzutreten, hätten seine Eltern „zwar nicht mit Freude hingenommen, aber akzeptiert". Heute hat er seine Verwandtschaft ins Gebet eingeschlossen „und ich weiß, dass dies nicht unfruchtbar ist".

In der Grundschule übernahmen die „Armen Schulschwestern" seine Erziehung. „Schwester Hildegund, meine damalige Religionslehrerin machte damals bei uns Jugendlichen Werbung, dass wir nach der Erstkommunion Ministranten werden." So fing er mit einigen seiner Schulkameraden an, am Altar den Priester zu unterstützen. Firmung hatte

▲ Frater Aloysius Maria Zierl im Klostergarten von Neuzelle

er an einem Dienstagvormittag. „So katholisch ist Bayern noch, dass man unter der Woche Firmung halten kann." Offen gibt er zu: „Das war damals für mich kein Geschehen aus dem Glauben heraus – nur ein schulfreier Tag – und man machte es, weil es auch die anderen machten." Sein Vater war Firmpate, die Mutter jedoch auf der Arbeit. „Doch mittags trafen wir uns zum gemeinsamen Essen in einem Wirtshaus."

Schon mit 13 Jahren wollte er Priester werden

Bereits in der 7. Klasse mit 13 Jahren hatte er erstmals den Gedanken, später einmal Priester werden zu wollen. „Eines Morgens wachte ich auf und dachte so bei mir, eigentlich möchte ich später einmal Mesner, also Kirchendiener, oder wie es hier in der Gegend heißt, Küster werden. Es gab bei mir in der Heimatgemeinde einen richtig tollen Mesner, dem ich immer sehr gern am Sonntag und bei den hohen Feiertagen half. So habe ich viele Stunden in der Sakristei verbracht – bin de facto dort aufgewachsen." Aus dem Wunsch Mesner zu werden, entwickelte sich die Idee zum Priester. Das kam durch seinen ihn prägenden Heimatpfarrer in St. Martin in Marktoberdorf, „der bei mir die Liebe zur Liturgie erweckte."

Am 15. August 2005 fasste der damalige Schüler Florian und heutige Frater Aloysius den Vorsatz, jeden Tag den Rosenkranz zu beten. „Es war eine Zeit, wo ich nicht wusste, wie es in der Schule weitergehen sollte, weil ich von den Noten recht schlecht in Mathe, Physik, Chemie und Bio war. Bis heute ist der Rosenkranz für mich das zentrale Gebet und ich weiß, mein Ordensleben habe ich dem Rosenkranz und der Muttergottes zu verdanken."

In dieser Zeit seiner schwierigen Schulsituation redete er viel mit seinem Kaplan. „Das war mir eine Hilfe. Bei uns in der Heimatgemeinde gab es noch jeden Tag die heilige Messe. Seit meinem 11. Lebensjahr war ich immer montags, mittwochs, freitags, samstags und sonntags regelmäßig bei den Abendmessen, auch weil ich dem Mesner half und als Lektor einsprang." In seiner Schulklasse war er der Einzige, der so aktiv in der Kirche war und bei den heiligen Messen mitwirkte. „Aber das habe ich nie so vor mir hergetragen und so wussten viele meiner Schulkameraden nichts von meinem aktiven Kirchenleben."

Im Gespräch im Neuzeller Pfarrhaus wirkt Frater Aloysius nachdenklich, fast introvertiert. Er selbst sagt aber von sich, bis zu seiner Pubertät ein recht fröhlicher, aufgeschlossener Junge gewesen zu sein, der zum Beispiel aktiv in einer kirchlichen Jugendband mitsang und gern für Späße zu haben war. Wer ihn außerhalb der Kirche und des Klosters erlebt, scheint den Schalk zu spüren, der ihm mitunter im Nacken sitzt. Immerhin war

▲ Schutzengelfigur in Heiligenkreuz

▼ Marienstatue mit segnendem Kind in Heiligenkreuz

sein Berufswunsch für ihn Ansporn, bis zum Abitur in der Schule durchzuhalten, „denn gerade in den naturwissenschaftlichen Fächern war ich nicht so gut aufgestellt, so dass ich fast die Schule geschmissen hätte. Aber mit viel himmlischem Beistand habe ich mich durchgekämpft und 2009 das Abi doch noch geschafft".

Priesterseminar in Augsburg

Gleich nach dem Abitur trat er ins Priesterseminar in Augsburg ein, um Weltpriester zu werden. Zuerst kam er in die Glaubens-, Lebens- und Sprachenschule des Propädeutikums nach Passau, wo er sich ein Jahr lang auf das katholische Theologiestudium vorbereitete. Die angehenden 30 Priesterkandidaten seines Jahrgangs lernten hier Grundzüge des kirchlichen Lebens und geistlichen Dienstes sowie Latein, Griechisch und Hebräisch, also Sprachen, die für das anschließende Studium notwendig sind.

Vier Semester studierte Frater Aloysius bis zum Vordiplom. Von den insgesamt drei Jahren im Seminar, „waren zweieinhalb Jahre des Suchens gewesen, weil ich nicht wusste, wo ich hin soll". In der Konsequenz trat er aus dem Priesterseminar aus. Das alles erst einmal, ohne zu wissen wie weiter und wohin, bevor er den festen Vorsatz fasste, in ein Kloster einzutreten. „Am 2. Mai 2012 um kurz vor 12 Uhr war mir klar, ich muss es nun allen sagen und ich muss jetzt gehen", obwohl er zu dieser Zeit sogar die Zusage für ein Erasmusstipendium für Paris hatte. Nur mit einem Mitbruder im Seminar sprach er vorab über seine Gedanken und Ängste, „weil mir selbst klar war, nicht in Frankreich, sondern nur im deutschsprachigen Raum in ein Kloster gehen zu wollen". Ein anderer Studienkollege sagte ihm dann auf den Kopf zu: „Florian, du willst doch überhaupt nicht nach Paris." Und er hatte recht. So ging er Ende Mai zu seinem Regens mit der Bitte um Entlassung. „Er fragte mich: ‚Wohin wollen Sie?' Und ich sagte ihm ehrlich, ich wüsste es nicht, aber Paris hätte ich auch schon abgesagt. Seine große Sorge war nun, dass ich in ein Loch falle und dort selbst nicht wieder rauskomme." Frater Aloysius hatte zu dieser Zeit aber die ganz feste Gewissheit, dass sein Entschluss, aus dem Priesterseminar auszuscheiden, richtig war und „mir der Herrgott binnen

▲ Die Mönche in Heiligenkreuz – Frater Aloysius ist gern für einen Spaß zu haben …

▲ Eingang zur barocken Kreuzweganlage von 1748 in Heiligenkreuz

zwölf Monaten zeigen würde, wohin mein Weg führt". Sein Auszug aus dem Seminar
wäre für ihn persönlich „sehr schlimm gewesen. Ich war damals wohl der Seminarist in
Augsburg, der sich am liebsten im Seminar aufhielt, weil es dort sehr klösterlich war", sagt
er mit Wehmut in der Stimme. Seine Eltern hätten kurz darauf seine persönlichen Sachen
mit dem Auto abgeholt. Dann blieb er „nur mit meinem kleinen, braunen Köfferchen
eine Nacht im leeren Zimmer und tränenreich fuhr ich am kommenden Tag zum Bahnhof mit meinem Fahrrad".

Seine erste Station machte er in Kaufbeuren und ging zum Grab der heiligen Crescentia, die dort 1682 geboren wurde und 1744 als Oberin der Franziskanerinnen starb. Jedes
Jahr wallfahren viele tausend Gläubige an das Grab der lebensklugen Frau und Ratgeberin,
die 2001 von Papst Johannes Paul II. zur Ehre der Altäre erhoben wurde. „Obwohl ich nie
so einen Bezug zu Maria Crescentia Höß hatte", bat er am 27. Juli in der Klosterkirche die
Heilige und hilfreiche Fürsprecherin, mit den Worten: „So, jetzt musst du schauen, wo
du mich unterbringst!", um ihren Rat und ihre Unterstützung für seinen ungewissen Weg.
„Denn: Mir helfen immer die Franziskanerinnen!", sagt Frater Aloysius rückblickend.
Hätte er da nicht auch bei den Franziskanern anheuern können? „Nein – ich wollte was
Monastisches, wo es um das Chorgebet geht." Kurzzeitig habe er in seiner Findungsphase
nach dem richtigen Orden auch „mit den Kapuzinern geliebäugelt, weil ich den heiligen
Bruder Konrad so gern habe". Aber es kam anders …

▲ Schild mit den Zeiten des Chorgebets in Heiligenkreuz mit Blick in den Innenhof des Klosters

Zisterzienserkloster Heiligenkreuz

Am 3. September 2012 fuhr er zum ersten Mal nach Heiligenkreuz, obwohl „ich eigentlich da nie hinwollte. Aber der Herrgott hat am Freitag vor Pfingsten zu mir gesagt, du wirst dorthin gehen, wohin du nicht willst. Diese Antwort fand er im Johannes-Evangelium, wo Jesus genau dies zu Petrus sagt. Das hat mich furchtbar getroffen. Meine Mitbrüder im Seminar sagten zu mir, fahr da einmal hin und schaue es dir an." Aber warum wollte er nicht nach Heiligenkreuz? „Weil ich dachte, die Mönche dort sind die ganze Zeit im Internet, zu viel in den Medien präsent und dann auch noch international erfolgreich mit ihren CDs – das ist für mich kein richtiges Klosterleben. Wie andere bis heute auch, hatte ich gegen Kloster Heiligenkreuz viele Vorurteile. Aber das war falsch, wie sich später zeigte." Dennoch schrieb er einen Brief an den Prior Pater Simeon, ob er einmal zum „Kloster auf Zeit" für eine gute Woche nach Heiligenkreuz kommen dürfe.

In diesen Wochen lernte er zufällig bei einer Jugendvigil der Zisterzienserinnen in der Abtei Oberschönenfeld etwa 20 Kilometer südwestlich von Augsburg Pater Kilian kennen, der dort gerade zu Besuch weilte. „Das Treffen mit ihm fand ich recht bewegend und prägend, auch wenn ich ihm damals nicht verriet, dass ich mich bald selbst in den Wienerwald aufmachen würde."

Am zweiten Abend beim Salve Regina im Kloster Heiligenkreuz wusste Florian Zierl: „Das ist der richtige Ort für mich!" Dennoch überkam ihn ein Gefühl der Überforderung, „vermutlich, weil ich Jahre nach diesem Ort und dieser Gemeinschaft suchte". Als er wieder zu Hause im Allgäu war und Zweifel aufkamen, „traf ich eine Freundin, eine gottgeweihte Jungfrau, die viel mit mir gebetet und um meine Entscheidungen mit gerungen hatte, und sie sagte: ,Alles, was du mir von dort erzählt hast, ist genau das, was du immer wolltest. Reise noch einmal dorthin und überprüfe deine Empfindungen.'" Also fuhr er in der ersten Novemberwoche wieder für eine Woche nach Heiligenkreuz. Dieses Mal traf er am Ende Abt Maximilian Heim und fragte ihn, „ob ich in Heiligenkreuz eintreten darf". Und so reiste er ein drittes Mal in den Wienerwald. „Kurz vor Baden realisierte ich im Zug, dass ich kein Rückfahrticket hatte ..." Im Advent 2012, genau am 17. Dezember traf Florian Zierl in der Zisterzienser-Abtei Heiligenkreuz in Österreich ein, um in den Orden einzutreten.

Im Jahr darauf wurde Florian Zierl im Kapitelsaal im Beisein vieler Brüder und einiger Gäste aus dem engeren Familienkreis eingekleidet. Seitdem trägt er auch den Namen Aloysius Maria. Im Kloster durfte er seinem Abt drei Vorschläge für seinen Mönchsnamen machen. Sein Taufname Florian war schon vergeben. „Doch den hätte ich auch nicht behalten wollen. Mir fehlte dazu immer der Zugang, denn wir Mönche sind der Meinung, dass uns die Heiligen suchen." Den heiligen Aloysius hatte er schon vor dem Kloster verehrt. Er war ein Jesuit, der jung verstarb. Aloysius, eigentlich Luigi Gonzaga wurde 1568 in der Nähe des norditalienischen Mantua geboren und starb schon mit 23 Jahren 1591 in Rom an der Pest, weil er sich als Ordensmann intensiv um Kranke und Sterbende kümmerte. Schon 14 Jahre nach seinem Tod wurde er seliggesprochen und 1726 zusammen mit dem Jesuiten-Novizen Stanislaus Kostka heiliggesprochen. Die Kirche verehrt ihn bis heute als Schutzheiligen für junge Studenten und die christliche Jugend. „Außerdem steht er für die Reinheit, weil er schon mit neun Jahren die Jungfräulichkeit versprochen hat. Und er war ein großer Marienverehrer. Gegen den Willen des Vaters – bei mir war das nicht der Fall – ist er in seinen Orden eingetreten." Gedenktag des heiligen Aloysius ist der 21. Juni, den auch Frater Aloysius Maria nun jedes Jahr feierlich begeht. Wenn er bei Behörden oder Ämtern Unterschriften leisten muss, dann gilt weiterhin der Tauf- und weltliche Familienname, „wenn man nicht seinen Ordensnamen im Personalausweis oder Pass ändern oder ergänzen lässt". Und so unterschrieb Frater Aloysius bei seiner Ummeldung im Amt Neuzelle Ende August 2017 auch das amtliche Dokument mit „Florian Zierl". Nomen est omen, sagt der Lateiner und im Fall seines Familiennamens „Zierl, wie zierlich", trifft das auf den jungen Mönch sehr genau: Er ist nicht sehr groß, regelrecht schmal, hat leicht lockiges, helles Haar und eine zierliche Figur.

▼ Predigt des Abtes bei einem Messgottesdienst in Heiligenkreuz

▲ Erker in Heiligenkreuz mit Gedenk-
schrift an Papst Benedikt XVI.

▲ Besucher betrachten das
barocke Chorgestühl von 1708
in Heiligenkreuz

Chormönch ja – Priester nein

Frater Aloysius ist nicht wie seine Mitbrüder in Neuzelle ein Mönchspriester, sondern ein Chormönch. Zum Priester sieht er sich weder berufen noch hat er eine Sehnsucht danach. „Das war in meinem Fall nicht ganz einfach, weil ich aus dem Priesterseminar kam. Aber ich hatte die Sehnsucht nach einem gemeinschaftlichen, geistlichen Leben und nicht die zum Priester", sagt er eindeutig und klar. Dennoch hat er sein Theologiestudium in Heiligenkreuz abgeschlossen, „weil ich ja schon sechs Semester hinter mir hatte und der Herr Abt zu mir sagte: ‚Jetzt haben sie schon so viele Semester studiert, machen sie es doch bitte fertig – auch wenn Sie nicht geweiht werden möchten. Wenn dann doch einmal der Ruf kommt, dann haben Sie halt schon das Studium.'" In Heiligenkreuz sind über 90 Prozent der Mönche auch Priester. „Das hängt mit der Pfarrseelsorge in Österreich zusammen und hat mit dem klösterlichen Leben eigentlich nichts zu tun. Der heilige Benedikt war mit großer Wahrscheinlichkeit kein Priester und auch bei den frühen Zisterziensern waren geweihte Priester sicher die Ausnahme", meint Frater Aloysius. Abt Maximilian hat ihm auch versprochen, dass er ihn nicht zwingen werde, Priester zu werden. Dazu habe der Abt nach eigener Meinung auch kein Recht, denn das sei einzig und allein eine Entscheidung Gottes. Diese Zusage seines „Herrn Abtes", den er wie alle Brüder seit der feierlichen Profess duzt, machte für Frater Aloysius die Entscheidung leichter, nach Heiligenkreuz zu kommen.

2014 legte Frater Aloysius Maria die zeitliche Profess ab und nach drei Jahren am Hochfest Mariä Himmelfahrt am 15. August 2017 folgten seine Feierlichen Gelübde im Rahmen der heiligen Messe. „Das war mein Hochzeitstag, wo ich die Kukulle, das lange weiße Übergewand mit sehr weiten Armen und Kapuze – wenn man so will das Hochzeitsgewand – erhielt", und damit band sich Frater Aloysius auf ewig an den Zisterzienserorden und seine Gemeinschaft.

Neben dem Theologiestudium durfte er im Chor als Sukzentor, also Vorsänger, anstimmen und wurde schon kurz nach seinem Klostereintritt einer der Helfer in der Sakristei, wo er die Gottesdienste und großen Liturgien mit vorbereitete. Neben dem Decken der Altäre, dem Aufstecken, Anzünden und Auslöschen der Kerzen, gehörte auch das Waschen der Kelchwäsche oder das Bestellen der Hostien zu seinen Aufgaben. „Das kam mir sehr entgegen, da ich ja, wie schon erzählt, als Jugendlicher in der Sakristei aufwuchs." Nach dem Noviziat wurde Frater Aloysius selbst der Sakristan der Abtei in Heiligenkreuz und hatte viele Dinge, die er vorher als Helfer mit anging, nun zu koordinieren. Gelegentlich mussten auch Messgewänder ausgebessert oder restauriert werden. Hier stand er in Kontakt zu den Zisterzienserinnen in Marienfeld nördlich von Wien, die die Mönche in Österreich bei diesen Aufgaben unterstützen.

Hausmann in Neuzelle: waschen, kochen, einkaufen

Schon zwölf Tage nach seiner feierlichen Profess saß er zusammen mit Pater Simeon, Pater Kilian und Pater Philemon im Auto. Aus dem Wienerwald ging es durch die österreichische Hauptstadt und einmal quer durch die Tschechische Republik vorbei an Brünn und Prag nach Deutschland. Kurz hinter Dresden fuhren sie dann von der Autobahn auf die Fernstraße nach Guben und nahmen Kurs auf die polnische Grenze, ins östliche Brandenburg nach Neuzelle. Den Osten Deutschlands kannte der gebürtige Bayer vorher fast gar nicht, bis auf zwei kurze Schulausflüge nach Weimar, Leipzig und Berlin. Als sie nach 690 Kilometern an die Tankstelle fuhren, wurden den Mönchen klar, dass sie nun gar nicht mehr für die Rückfahrt in den Wienerwald volltanken mussten ...

Frater Aloysius' Aufgaben in Neuzelle sind fast alles Dinge, die mit dem Haushalt in Zusammenhang stehen. Lachend sagt er: „Ich hätte besser eine Haushaltsschule besuchen sollen als Theologie zu studieren. Aber ich mache es sehr gern." Schon als Jugendlicher habe er gern gebacken und gekocht. Das sei bis heute auch ein Ausgleich für ihn. Nun gehöre auch Waschen und Bügeln dazu. In dieser Beziehung sind die Mönche ganz andere Dinge gewohnt, denn Heiligenkreuz hat eine eigene Wäscherei und eine große Küche, wo sich zivile Angestellte um das leibliche Wohl der Ordensmänner kümmern. „Das ist der große Unterschied – hier in Neuzelle müssen wir alles selber machen: einkaufen, kochen, putzen, den Tisch decken und abdecken, Geschirrspülen ..."

▼ Begrüßung der Mönche am 27. August 2017 mit Brot und Salz durch Neuzelles Bürgermeister Dietmar Baesler

▲ Partnerstädte von Eisenhüttenstadt
auf einem Schild am Ortseingang

▲ Bierstube „Aktivist" im Zentrum
von Eisenhüttenstadt

Das kannten die Zisterzienser bisher so nicht. Die alltäglichen Aufgaben in Neuzelle kosten sie zusätzliche Zeit und Kraft. „Ich bin Gottseidank in einem ordentlichen Haushalt großgeworden. Bei uns daheim wurde jeden Mittag frisch gekocht und bis zur 6. Klasse auch jeden Mittag zusammen gegessen. Meine Mutter war zu dieser Zeit Hausfrau und kümmerte sich um Küche und Wäsche. Vater kam mittags zum Essen nach Hause, weil er als Schriftsetzer bei der Allgäuer Zeitung in der Nähe arbeitete." Heute ist sein Vater beim Landratsamt und seine Mutter im Rathaus angestellt. „Wenn ich mal beim Kochen in Neuzelle nicht weiterweiß, dann rufe ich bei meiner Mutter an. Sie ist sehr glücklich, dass ich mich so oft melde", sagt er mit einem Augenzwinkern.

In der Regel am Samstag fährt Frater Aloysius nach Eisenhüttenstadt in die dortigen Supermärkte zum Einkaufen. Er nutzt dabei das kleine blaue Auto aus der Abtei Heiligenkreuz mit dem österreichischen Kennzeichen. Von Pater Kilian bekommt er sein Haushaltsgeld. „Damit muss ich im wörtlichen Sinn haushalten. Also wir hungern nicht, aber werfen auch nicht mit dem Geld um uns." Das habe er so schon von seinen Eltern gelernt: „Geld muss man zusammenhalten." In der Woche geht er auch gern zum örtlichen Bäcker und Metzger, „weil es dort wunderbares, frisches Fleisch gibt und die Leute sehr freundlich sind". Dabei lobt er grundsätzlich „den guten Kontakt zu den Menschen im Ort, der intensiver ist als in Heiligenkreuz".

Am Montag sei bei ihm Waschtag „und bis Freitag möchte ich die Wäsche fertig haben". Waschmittel kauft er beim Discounter und ist es gewohnt, die Preise zu vergleichen. Die Mönche haben sich eine neue Waschmaschine angeschafft und im Keller steht eine große Heißmangel für die Bettlaken und Tischdecken. „Beim Bügeln, zu dem ich nicht immer Lust habe, sage ich oft: Jesus, jede Falte für dich." Er könne dabei immer gut beten und singen und niemand stört sich daran.

Bereits am Donnerstagabend macht er für seine Mitbrüder und sich den Speiseplan für die kommende Woche. Wenn er dann im Supermarkt mit seiner auffälligen schwarzweißen Ordenstracht an den Regalen vorbeigeht, wird er regelmäßig von den Menschen angesprochen. „Schön, dass Sie da sind", hört er öfter. Ein Mann sagte ihm kürzlich beim Gewürzregal, er halte sich eher an Marx und Lenin statt an Gott. Das sei für die kleinen Leute auch viel besser. „Aber ich lasse mich da nicht auf große Glaubensgespräche ein. Dennoch sagte ich ihm, beim Herausnehmen von roten Pfefferkörnern, dass ich nicht glaube, dass Marx wirklich erfolgreich war." Als er einmal an der Fleischtheke stand, sprach ihn die freundliche Verkäuferin an. Nachdem sie wusste, dass Frater Aloysius aus Neuzelle kommt, fragte sie ihn, warum die Mönche nicht der Einladung zum christlichen Glaubensfest in Eisenhüttenstadt gefolgt sein. Sie selbst sei von der Baptistengemeinde und hätte sich über ihre Anwesenheit sehr gefreut. Er erklärte ihr dann, dass sie derzeit nur vier Mönche seien, die feste Zeiten für die Chorgebete haben, und es sei nicht gut, wenn da einer oder zwei fehlen. Dann verstand sie das Fernbleiben der Zisterzienser beim Glaubensfest und wollte demnächst einmal selbst nach Neuzelle zu einem der Stundengebete kommen.

Komisch angesprochen wurde er, ob seiner Wiedererkennbarkeit als Mönch, bisher noch nicht. „Gesellschaftlich ist es doch heute egal, was jemand trägt. Wenn Männer heute in Prinzessinenkleidern rumlaufen, schauen vielleicht einige komisch, aber niemand stößt sich wirklich daran", meint Frater Aloysius schmunzelnd. Ein kleines Mädchen habe die Mönche einmal auf dem Klosterhof in Neuzelle mit „Grüß Gott" begrüßt. „Das ist schon ungewöhnlich hier in der Gegend. Einmal zu grüßen und dann noch mit Grüß Gott." Dann habe sie ihnen nachgerufen, ob sie Nonnen ohne Schleier wären. „Wir sagten, ja so ähnlich ... Das kleine Mädchen wusste also Bescheid", sagt Frater Aloysius laut lachend.

▲ Bahnhof in Eisenhüttenstadt

Er beklagt: „Leider nimmt die zwischenmenschliche Kommunikation in der Öffentlichkeit immer weiter ab." Selbst als er als Student in Augsburg die Menschen auf der Straße grüßte, weil er dies aus Marktoberdorf so gewohnt war, fragte ihn ein Kommilitone, warum er denn alle Leute grüße, die er gar nicht kenne? Er habe gelernt, dass man dies so mache, meinte Frater Aloysius. „Aber die kennen dich doch gar nicht und schauen alle seltsam, wenn du sie grüßt", meinte der Kommilitone nur darauf. Auch die zunehmende Beschäftigung mit den Handys mache die direkte Kommunikation schwierig. „Ich bin ein Gegner der Smartphones – vor allem im Kloster." So bestand er darauf, dass im Refektorium in Neuzelle das „Wisch-Käschtle" nicht genutzt wird. Er selbst habe zwar auch ein Mobiltelefon, „aber nur so einen alten Knochen". Wenn er heute telefoniere, dann meistens über das Festnetz. Also musste auch in Neuzelle ein Festnetztelefon angeschafft werden.

Haben die Mönche und er selbst keine persönlichen Leidenschaften? Zum Beispiel mal eine Zigarette, ein Glas Bier, Wein oder Süßigkeiten? „Für mich persönlich war es immer wichtig, wenig zu haben und von materiellen Dingen nicht abhängig zu sein. Das Einzige was ich immer wieder benötige, sind Briefmarken. Ich schreibe, wenngleich ich gerade durch den Haushalt weniger dafür Zeit habe, sehr gerne Briefe auch auf altem, schlechten Briefpapier." Zu Weihnachten wünscht er sich dann immer nur schöne Kuverts und Briefpapier – das scheint seine einzige Obsession zu sein. Wenn einmal etwas Süßes gewünscht wird, „dann backe ich halt – zu Feiertagen oder zum Wochenende. Backen ist für mich Psychohygiene und hat den positiven Effekt, dass auch die anderen etwas davon haben." „Bei mir gibt es immer mal wieder süße Mehlspeisen, wie Nockerln oder Apfelstrudel – das ist in meiner bayerischen Heimat und

▲ Spezialbier „Schwarzer Abt": Brauereigeschäftsführer Stefan Fritsche mit einer Bierflasche der Spezial-Edition. Beim Verkauf gehen pro Flasche 20 Cent zugunsten der Wiederbesiedelung an das Kloster Neuzelle.

Die Wiederbesiedeler   109

▲ Früchte und Blumen am alten Kirchgestühl im Mittelschiff der Wallfahrtskirche Neuzelle

▲ Betender Engel, Detail an einem Altar in Neuzelle

Österreich eine vollwertige Mahlzeit. Pater Philemon und ich wir kommen aus dem Süden und essen das sehr gern. Pater Simeon und Pater Kilian sahen das anfangs nicht als vollwertige Mahlzeit an, mittlerweile essen sie es alle sehr gern." Und wenn es vorher eine Suppe gibt, sind auch seine Mitbrüder, die aus Hessen und vom Mittelrhein stammen, sehr zufrieden und dankbar.

Nach den Morgengebeten und der Eucharistiefeier frühstücken die Mönche oft zusammen, „obwohl es keine Observanz ist, wo man sich gemeinsam zum Essen zusammenfindet, wie zum Mittag- oder Abendessen nach der Vesper". Das gemeinschaftliche Frühstück wird in der Küche oft zusammen mit dem Ortspfarrer Ansgar Florian eingenommen.

Wie sieht der Tagesablauf für Frater Aloysius aus? Morgens steht er zwischen 3.30 und 3.45 Uhr auf und geht abends nach 21.30 Uhr zu Bett. Das sind oft nicht mehr als sechs Stunden Schlaf. Manches Mal ist am Nachmittag noch eine halbe Stunde Mittagsruhe möglich. „Das alles kostet Kraft." Zwischen Frühstück und der Terz bügelt er. Nach der Terz fängt er mit dem Kochen an, „denn ich muss schauen, dass ich um fünf vor 12 zur Sext mit dem Kochen fertig bin und das Essen warmhalten kann bis 12.20 Uhr". Nur zwei Mal stand er bisher noch zur Mittagshore in der Küche, betete das verpasste Stundengebet aber nach. Nach dem Mittagessen nutzt er die halbe Stunde bis zur Non, um die Küche zu reinigen und aufzuräumen. Was er bis dahin nicht schafft, kommt nach der Non dran. „Dann folgt Siesta, also etwa eine halbe Stunde Mittagspause und danach der Rest der Wäsche. Anfangs dachte ich so bei mir, ich komme zu gar nichts mehr, bis mir klar wurde, dass ich allein für die gute Haushaltsführung in Neuzelle da bin. Das ist meine Aufgabe für die Gemeinschaft."

Wenn er einmal im Haushalt nicht weiterweiß, kann er außer seiner Mutter auch eine gute Freundin in Österreich anrufen, die ihm praktische Tipps für die Küche oder die Wäsche geben. Beim Kochen hat er außerdem „ganz viel himmlische Hilfe und Stoßgebete helfen dabei, damit es gelingt, wie zum Beispiel ‚Jesus, auch der Herd ist dein'. Und dann klappt das auch. Schutzheilige wie die heilige Marta stehen mir zusätzlich bei. Sie ist eine der Figuren in der Bibel und in der Geschichte der Kirche, die zu Unrecht schlecht wegkommen. Marta sorgt dafür, dass Jesus etwas zu essen bekommt und Maria sitzt am Boden und hört zu. Marta beschwert sich bei Jesus: ‚Stört es dich nicht, dass ich hier alles mache und sie sitzt nur da?' Und dann bekommt sie noch zu hören: ‚Du machst dir viele Sorgen, aber sie hat das Bessere erwählt'. Ich mache mich deshalb immer stark für die heilige Marta. So wie ich hier hat sie den Haushalt geführt. Auch die heilige Notburga, Patronin der Dienstmägde oder unsere verstorbene Pfarrhaushälterin Annemarie aus Marktoberdorf, die eine hervorragende Hauswirtschafterin war, auch sie rufe ich um

Beistand an – gerade bei Hefeteig, der geht bei mir nicht immer gut auf. Da muss der Himmel einfach helfen!" Griffbereit liegt bei ihm auch immer das „Vohenstraußer Kochbuch" von 1954 von der Armen Schulschwester Sr. M. Felizitas Seidenschwarz – sein unkomplizierter Umgang mit Heiligen und Schutzengeln, all das Reden mit ihnen, das hilft Frater Aloysius in der Küche.

Zweifeln und Hoffen

„Neuzelle ist ein ehemaliges Kloster. Wo wir hier wohnen, das ist eine Wohnung und kein Kloster." Das wurde ihm mit dem permanenten Leben hier erst so richtig bewusst. So hat er oft „Sehnsucht nach der Heimat Heiligenkreuz". Solange Ansgar Florian der katholische Gemeindepfarrer hier mit ihnen zusammenlebt und wohnt, könnten in dem aktuellen Provisorium des katholischen Pfarrhauses nach seiner Meinung noch maximal zwei Mönche im ersten Stock unterkommen. „Es sind keine Mönchszellen, sondern Zimmer mit eigenen Nasszellen."

Hatte er, so wie seine Mitbrüder, die Neuzelle wiederbeleben wollen, nicht auch mal Zweifel im und am Glauben? „Ja", gibt er offen zu, „das gab und gibt es. Bei mir hatten die großen Zweifel erst im Kloster angefangen." Er gehörte damals, mit 23 Jahren zu den jüngsten Novizen. Um in ein Kloster einzutreten ist das Mindestalter 18 Jahre und ihm seien nur zwei jüngere Fratres bekannt, die direkt nach dem Abitur an die Pforten der Abtei in Heiligenkreuz anklopften.

„Wenn bei mir diese Zweifel kommen, dann setzen sie fundamental ein", erklärt Frater Aloysius. „Zweifel habe ich regelmäßig bei einigen Sakramenten: der Messe, am Priestertum, an der Beichte und der römischen Kirche. Ich würde nie meine Profess in Zweifel ziehen, nie das Gebet des Rosenkranzes und unser Chorgebet", gesteht er offen. In diesen Stunden der Unsicherheit „brüte ich erst in mir selbst und gehe dann auf meine Mitbrüder zu. Und mir bleiben die Gebetswaffen, indem ich Menschen explizit darum bitte zu beten, dass ich nicht vom Glauben abfalle." Wie er am Ende dann aus diesen persönlichen

▲ „Gelobet sey Jesus Christus" – Hinweistafel in vergoldeten Lettern über dem Ausgang der Kirche in Neuzelle

▲ Eingang des Klosters Heiligenkreuz

Glaubenskrisen immer wieder heil heraus kommt, das weiß er selbst oft nicht. Aber das Überwinden dieser fundamentalen Zweifel sei mit Sicherheit die Frucht des Gebetes anderer ihm nahestehender Menschen.

Von Neuzelle hörte er zum ersten Mal, als Bischof Ipolt zu Ostern 2016 die Gemeinschaft in Heiligenkreuz besuchte. Auch gab es immer mal so einige Gerüchte, dass „etwas Neues aufgemacht wird. Selbst merkten wir, unser Haus wurde langsam für die über 100 Mönche zu klein." Als er mit Pater Kilian über die neuen Möglichkeiten sprach, sagte er ihm beiläufig, dass er bereit sei mitzugehen, wenn es eines Tages dazu komme.

Erstmals besuchte er im September 2016 zur Görlitzer Bistumswallfahrt Neuzelle und machte sich vor Ort ein Bild von der ehemaligen Klosteranlage und dem „Barockwunder Brandenburgs". Ernst wurde es für ihn im Advent 2016, als Prior Pater Simeon ihn fragte, ob er bereit sei, mit nach Neuzelle zu gehen. Er sagte: „Ich bin nicht der Missionar, der zu den Menschen geht und sagt: glaubt und glaubt und glaubt. Weil ich kein Missionar bin, weiß ich nicht, ob ich der richtige dafür bin, aber ich komme mit."

Wäre er nicht mit dieser Vorhut zur Prüfung eines Klosterlebens nach Neuzelle gegangen, hätte Frater Aloysius eine Lehre in der hauseigenen Schneiderei in Heiligenkreuz angefangen. „Zwar bin ich mit Freude gegangen, habe aber schnell gemerkt, wie mir unsere Heimatabtei Heiligenkreuz fehlt. Auch wenn ich meine Mitbrüder Pater Simeon, Pater Kilian und Pater Philemon furchtbar gern habe, merkte ich, wie schnell ich die anderen Mitbrüder aus Heiligenkreuz vermisse – selbst wenn man miteinander telefoniert, Briefe oder E-Mails schreibt – das Heimweh bleibt. Es ist etwas anderes, ob man drei Mitbrüder oder 50 hat und ich hatte zu vielen Mitbrüdern innigen Kontakt." In Heiligenkreuz war er einer von vielen Mönchen im Chorgestühl. In Neuzelle ist er nun viel präsenter, zum Beispiel wenn er täglich zur Eucharistiefeier am Altar steht.

Ebenso die guten und engen Verbindungen zu anderen Mönchen und Ordensfrauen aus dem Großraum Wien, das fehlt ihm hier sehr im Osten Brandenburgs. Eine erfahrene Ordensschwester sagte einmal zu ihm, „oft singen wir, dass im Kreuz Heil, Leben und Hoffnung ist, aber wenn es kommt, dann schreien wir. Also wenn uns das Kreuz umarmt, dann muss man es aushalten." Also muss auch Frater Aloysius Maria die Realität des Kreuzes für sich akzeptieren.

Was es heißt, ein Kloster zu gründen, das wisse sein Abt sehr genau, da er vor 30 Jahren das Priorat Bochum-Stiepel mit aufbaute. Er kennt also mit Sicherheit die Nöte und Sorgen seiner ihm anvertrauten Mönche. „Ein Kloster zu gründen, das ist kein erholsamer Spaziergang. Bisher wirkte es wie ein Triumphzug, aber Klöster werden nicht im Triumphzug gegründet und am Ende ist die Gemeinschaft wichtiger als die Gründung eines Hauses", so ein Fazit von Frater Aloysius. Noch fremdelt er mit der Neuzeller Klosteranlage und dem „groben Barock des 17. Jahrhunderts, der zu oft zum Schauen einlädt und stark ablenkt". Grundsätzlich neigt er zum Einfachen, zum Reduzierten, zu einem „weniger ist mehr".

So mag es, wenn man seine Geschichte hört, auch gar nicht verwundern, wenn Frater Aloysius Maria offen und ohne Umschweife zugibt: „Auch wenn die Menschen hier sehr hilfsbereit und nett sind, mir fehlt das Kloster in Heiligenkreuz sehr. Wir sind zur Prüfung in Neuzelle, mit der Hoffnung, dass es wieder ein lebendiges Kloster wird. Sollte es aber am Ende nichts werden, dann pack ich den kleinen braunen Koffer und fahre gern wieder heim. Das hören sicher nicht alle gern – doch so ist es ..."

Die Wegbereiter:
Abt Dr. Maximilian Heim, Monsignore Georg Austen und die Pfarrer Johannes Magiera und Josef Rudolf

„Mit innerer Geduld und mit langem Atem denken und leben"

Dr. Maximilian Heim, Abt der Zisterzienserabtei Heiligenkreuz

Abt Maximilian, eine Neugründung, wie sie Ihre Gemeinschaft jetzt in Neuzelle veranlasst, ist heutzutage ungewöhnlich. Wie oft sind die Zisterzienser von Heiligenkreuz diesen Weg gegangen?

Heim: Wir haben im Laufe unserer Geschichte in den vergangenen fast 900 Jahren insgesamt acht Neugründungen gewagt. Die letzte Neugründung war vor fast 30 Jahren im Ruhrgebiet, in Bochum-Stiepel.

▼ Abt Maximilian Heim in Heiligenkreuz

Wie kam es dazu?

Heim: Wegen der Klostergründung in Bochum wurden der damalige Abt Gerhard Hradil OCist und der Ruhrbischof Franz Hengsbach belächelt. Denn es zeichnete sich schon ab, dass andere Orden ihre Niederlassungen werden schließen müssen. Der Bischof fragte uns 1986, ob wir bereit sind, an diesem Marienwallfahrtsort ein neues Kloster zu gründen. Der Bauherr in Stiepel waren nicht die Zisterzienser, sondern die Diözese Essen.

Die Vorgeschichte des dortigen Marienwallfahrtsortes ist lang: Im Jahr 1908, zum 900-Jahr-Jubiläum der Stiepeler Dorfkirche, die bis 1600 noch eine Marienwallfahrtskirche gewesen ist, tauchte das seit 100 Jahren verschollen geglaubte Gnadenbild wieder auf. Aus dieser Dynamik wurde 1914/15 eine neue katholische Wallfahrtskirche in vier Kilometer Entfernung errichtet, an einem Ort, wo kaum Katholiken wohnten.

Wie konnte dieser geistliche Ort wachsen?

Heim: Bischof Hengsbach sprach mehrere Ordensgemeinschaften an. Dann traf er zufällig einen Heiligenkreuzer Zisterzienser, der aus dem Ruhrgebiet stammte: Pater Adalbert Diehl, einen gelernten Exportkaufmann, der inzwischen die wirtschaftliche Verantwortung in Heiligenkreuz innehatte. Nun sprang der Funke über, sodass der Heiligenkreuzer Konvent, der damals rund 50 Mönche zählte, bereit war, vier Mönche in das 1000 Kilometer entfernte Ruhrgebiet zu entsenden.

Nun belebt Ihre Gemeinschaft also das ehemalige Kloster in Neuzelle wieder. Haben Sie dafür die Manpower?

Heim: Wir haben in Heiligenkreuz gegenwärtig ein blühendes Kloster. Es ist fast 900 Jahre alt und dennoch sehr jung, denn der Altersdurchschnitt beträgt 45 Jahre. Seit 40 Jahren ist unser Noviziat nie leer gewesen. In unserer Gemeinschaft gab und gibt es einen inneren Zusammenhalt, der nicht selbstverständlich ist. So ist es auch für uns ein großes Opfer, Mönche zu entsenden, die hier ganz beheimatet sind. Anfangs war ich skeptisch in Bezug auf Neuzelle. In der Initiative Bischof Wolfgang Ipolts und in der außergewöhnlichen Zustimmung der Gläubigen in Neuzelle sehen wir aber ein Zeichen, das darauf hinweist, dass es der Wille Gottes sein kann.

▲ Außenansicht der Klosterkirche in Bochum-Stiepel mit Hauptportal

▲ Blaues Rosenfenster „rosa mystica" – „geheimnisvolle Rose" von Egon Stratmann (1978) im Kloster Bochum-Stiepel

▲ Gruppenbild beim österreichischen Zisterziensertreffen 2017 in Heiligenkreuz vor der Hochschule Benedikt XVI.

Ist die Gründung in Neuzelle kein großes Risiko für den Orden?

Heim: Eine Neugründung geht grundsätzlich bei den Zisterziensern nicht vom Gesamtorden aus, sondern von einer selbstständigen Abtei, die eigenverantwortlich als Mutterkloster fungiert. Sie hat sich dabei an das Statut für Neugründungen, dass das Generalkapitel des Ordens verabschiedet hat, zu halten. Dieses legt u. a. fest, dass eine Neugründung die Mutterabtei nicht auf Dauer wirtschaftlich belasten darf.

Neuzelle liegt in der kirchenfernen Diaspora. Wie sind Sie darauf vorbereitet?

Heim: Die Mitbrüder, die nach Neuzelle geschickt werden, kennen aus eigener Erfahrung ganz unterschiedliche gesellschaftliche Milieus. Außerdem hat sich „Kirchenferne" bzw. die Gleichgültigkeit gegenüber dem kirchlichen Glauben in unserer Krisenzeit überall in Mitteleuropa ausgebreitet. So ist beispielsweise die Zahl der Messbesucher in den vergangenen 30 Jahren auch im Wienerwald kontinuierlich gesunken, sodass mittlerweile weniger als zehn Prozent sonntags den Gottesdienst in unseren Gemeinden besuchen. Ähnlich wie im Ruhrgebiet werden deshalb die Mitbrüder in Neuzelle vor allem in die Seelsorge gehen, die in Österreich zu den Hauptaufgaben der Zisterzienser gehört. Wir hoffen, dass in Neuzelle ein Ort der geistlichen Einkehr entstehen kann, gerade in einer

Gegend, in der sich nicht viele Menschen zum christlichen Glauben bekennen. Ich glaube, es ist manchmal einfacher, einem fragenden Atheisten von Jesus Christus zu erzählen, als einen gleichgültig gewordenen getauften Christen neu für das Evangelium zu begeistern.

Und in Neuzelle scheint es durchaus gute Rahmenbedingungen zu geben …
Heim: Neuzelle ist auch nach der staatlichen Aufhebung des Klosters im Jahr 1817 ein Ort des Gotteslobes geblieben. Seit 1818 ist es ein Ort der ökumenischen Nachbarschaft mit der evangelischen Kirchengemeinde geworden und nach dem Zweiten Weltkrieg war es zugleich der Wallfahrtsort des entstehenden Bistums Görlitz. Aber die politischen Entwicklungen des letzten Jahrhunderts haben tiefe Spuren hinterlassen: Weniger als 20 Prozent der Menschen bekennen sich hier zu einer der christlichen Kirchen. Genau in diesem Kontext wollen wir durch unsere klösterliche Lebensform ein Zeugnis dafür geben, dass ein Leben der Hingabe für Christus und sein Evangelium nicht ins Leere läuft.

Sie haben eben erzählt, dass Ihr Kloster keine Nachwuchssorgen hat. Wie kommt das?
Heim: Berufungen kann man nicht machen. Jeder junge Mensch, der bei uns eintritt, ist für uns ein Geschenk. Aber jede Berufung muss auch geprüft werden. Wir nehmen nicht jeden. Wenn mich ein Bewerber fragt, welche Voraussetzungen er mitbringen muss, dann sage ich mit einem Augenzwinkern: „Dass Sie unter Umständen das Kloster auch wieder verlassen können!" Nur wer andere Möglichkeiten und die nötige innere Freiheit hat, kann den Weg des klösterlichen Lebens bevorzugen. Denn ohne Freiheit gibt es keine Liebe und nur aus Liebe kann ich ein Leben in einer Gemeinschaft, die von Gebet, Arbeit und geistlicher Lesung geprägt ist, führen.

Worauf kommt es aus Ihrer Sicht noch beim Ordensleben an?
Heim: Für Ordensleute ist die Authentizität des eigenen Lebens wichtig. Ein vom Evangelium inspiriertes Leben strahlt aus – auch auf andere Menschen, die überlegen, einem Orden beizutreten. Jesus Christus hat uns den Auftrag gegeben, missionarisch in diese Welt hineinzuwirken und den Menschen eine Ahnung von Gott und seiner Liebe zu vermitteln. Ich nenne nur ein paar Schlagworte: Nächstenliebe, Feindesliebe, Verzeihen, Gemeinschaft, Hoffnung über den Tod hinaus. All das ist in unserer Gesellschaft, gerade auch in atheistischen Regionen, wichtig zu thematisieren, weil es die Existenz des Menschen betrifft.

▲ Pater Simeon, Pater Kilian, Abt Maximilian zu Besuch in Potsdam

Wie wird das Kloster Neuzelle in zwei, drei Jahren Ihrer Meinung nach aussehen?

Heim: Ich glaube, dass wir zum 750. Jubiläum der Gründung von Neuzelle ein vom Stift Heiligenkreuz abhängiges Priorat offiziell errichten können. Es muss noch einiges organisiert werden, damit die Mitbrüder nach monastischen Regeln – beispielsweise in einer Klausur – leben können. Der wichtigste Ort für die Mitbrüder ist natürlich die Kirche, ansonsten können wir auf kein anderes Gebäude Anspruch erheben. Wo das Kloster schließlich entstehen wird – ob in den alten Gebäuden oder ob wir eine andere Möglichkeit finden –, das müssen wir noch gründlich prüfen. Es muss nicht alles von heute auf morgen fertig sein, auch nicht bis zum 2. September 2018, wenn das Priorat kirchenrechtlich errichtet werden soll. Vieles wird sich auch erst in den nächsten Jahren entwickeln. Mit dieser inneren Geduld und mit langem Atem zu denken und zu leben, das beruhigt und entlastet. Wir lassen uns für diese Klosterneugründung Zeit – Zeit, die jedes Wachstum braucht!

▼ Ein Posaunenchor begrüßte die Mönche und Gläubigen beim Gemeindejubiläum vor der evangelischen Kirche

„Auferstanden aus Ruinen und der Zukunft zugewandt ..."

Der ehemalige Pfarrer Johannes Magiera: DDR, Mauerfall und Nachwendejahre in Neuzelle

„Ich stamme aus dem alten Erzbistum Breslau und wurde in der Nähe des Doms groß", erzählt Johannes Magiera in seiner heutigen Wohnung in Wittichenau, wo er seit 20 Jahren Seelsorger ist. In den fünfzehn Jahren davor – von 1983 bis 1998 – war er katholischer Gemeindepfarrer in Neuzelle und erlebte auf dem ehemaligen Klostergelände die DDR-Zeit, ihren Untergang mit dem Fall der Mauer 1989 und die turbulenten Nachwendejahre.

Geboren wurde er 1935 in Breslau. „Mein Vater war Handelsvertreter und meine Mutter war, wie damals üblich, nicht berufstätig." Er wuchs als jüngstes Kind mit drei Geschwistern auf. Sein ältester Bruder fiel im Zweiten Weltkrieg in Italien „und meine anderen Geschwister, die ja alle älter waren als ich, habe ich inzwischen beerdigt". Nach dem Zweiten Weltkrieg musste die Familie, so wie viele tausend Deutsche, Schlesien zwangsweise verlassen. Ihr wurde das thüringische Gotha zugewiesen.

Studium in Erfurt, Alumnat in Neuzelle

Nach dem Abitur studierte Johannes Magiera ab 1954 erst in Halle an der Saale die alten Sprachen Griechisch und Latein, danach in Erfurt katholische Theologie. Die letzte Phase seiner Ausbildung fand im Pastoralseminar zur Vorbereitung auf den seelsorglichen Dienst in Neuzelle statt. Die Räume für das Priesterseminar wurden vom Erzbischöflichen Amt Görlitz gemietet, nachdem die dort untergebrachten sowjetischen Truppen abgezogen waren. Die Einweihung fand am 2. Mai 1947 statt. „Nach dem Krieg wollte man mit Neuzelle das Breslauer Alumnat – anfangs noch vorübergehend – ersetzen. Daraus wurden dann über vier Jahrzehnte das Priesterseminar in der DDR."

▲ Pfarrer Johannes Magiera wurde 1935 in Breslau geboren

▲ Konsole im Kreuzgang der ehemaligen Klausur

Kurz vor und nach ihm waren dort die späteren Kardinäle Georg Sterzinsky und Joachim Meisner. Auch den späteren Kardinal Bengsch erlebte er noch als Dozent in Neuzelle. Dadurch hatte er immer gute Verbindungen zu diesen Oberhirten. 1961 wurde Johannes Magiera zum Priester geweiht.

Bis 1989 stand an der linken Fassade des Klosters: „Die Lehre von Marx ist allmächtig, weil sie richtig ist." 1958 gab es Auseinandersetzungen mit dem ebenfalls dort angesiedelten Lehrerseminar und „nicht nur einmal wurden von der kommunistischen Jugendorganisation ‚Freie Deutsche Jugend' (FDJ) die Wallfahrten vor den Augen des Bischofs mit entsprechenden Aufmärschen gestört".

DDR-Zeit in Neuzelle

Nach verschiedenen Stationen als Kaplan in Forst und Beeskow, kam Johannes Magiera in die noch vom Neuzeller Erzpriester Florian Birnbach 1833 aufgebaute St.-Benno-Gemeinde nach Spremberg – eine der vielen Missionspfarreien, zu denen auch Guben, Cottbus oder Lübben gehören. Der 2007 verstorbene Bischof Bernhard Huhn aus Görlitz forderte ihn damals auf, sich für die vakante Stelle in Neuzelle zu bewerben. „Birnbach hatte für seine Nachfolger ein Memorabilienbuch verfasst, was es als Pfarrer in Neuzelle alles zu beachten gibt. Darin stand zum Beispiel: Der Pfarrer übernimmt das Pfarrhaus. Aber nur das obere Geschoss stand zur Verfügung, denn unten war eine Schule." Es gab viele Unsicherheiten, sodass er sich den Unterlagen seit Aufhebung des Klosters 1817 widmete. „Darin fand ich: Es gehört uns hier kein Quadratmeter mehr. Aber die immerwährende Nutzung war garantiert und wurde von den Machthabern Preußens, über die Kaiserzeit, die Weimarer Republik bis zu den Nazis und Kommunisten akzeptiert."

Für den historischen Bau des Klosters waren verschiedene Behörden zuständig: „Aber weder dort noch in der Kirche ging es mit den Renovierungsarbeiten voran, weil es an Materialien fehlte oder weil gerade in Ost-Berlin der Palast der Republik gebaut wurde und alle Arbeitskräfte und Handwerker vereinnahmte." Deshalb war er später auch froh, als dieser Palast abgerissen wurde, da er auf Kosten der Menschen im übrigen Land gebaut worden war: „Die in Berlin haben sich dort immer gefeiert, wir hier nicht. Als ich einmal dort war und nach langem Anstehen an einem zugewiesenen Beistelltisch mit dem Gesicht zur Wand sitzen durfte, schrieb ich einen Leserbrief an das ‚Neue Deutschland' mit den Worten: ‚Es ist wie bei den Palästen früher: Wir gehören nicht hinein.'" Der Leserbrief wurde natürlich nie veröffentlicht.

„Zum Beginn meiner Zeit als Pfarrer von Neuzelle war ein Viertel der Einwohner katholisch, ein Viertel evangelisch und der Rest konfessionslos. Als ich nach Neuzelle kam, fielen mir so manche Misstöne auf. Einige sagten in der Kirche, da vorne steht die Maria. Ich entgegnete ihnen klarstellend: Das ist die Gottesmutter – es ist doch keine Marktfrau, sondern die First Lady vom Reich Gottes." Im ehemaligen Stiftsgebiet, das nun fast komplett einen evangelischen Charakter hatte, betreute er um die 750 Christen „zusammen mit einer Seelsorgshelferin, heute heißen sie Gemeindereferentin. Der DDR-Staat mochte uns nicht, aber Märtyrer waren wir nicht. Die Machthaber in Ostdeutschland gingen davon aus, dass sich das Thema Kirche und Religion irgendwann von selbst erledigen wird. Aber weil wir Christen integraler Bestandteil der Gesellschaft waren, mussten sie uns akzeptieren. Einige Pfarrer hat man versucht als IM der Staatssicherheit zu gewinnen. Das hat Gott sei Dank nur bei sehr wenigen funktioniert. Andere wollte man aktiv in die Konferenzen der Friedensbewegung einbinden. Das war mir immer verdächtig und ich habe es glattweg abgelehnt." Pfarrer Magiera berichtet von seinen Mitpriestern in Ungarn und der Tschechoslowakei, die sich verpflichten mussten bei den Pax-Priestern mitzuwirken, damit die Kirche im Sinne des Staates arbeitete. In der DDR habe es da mehr Spielraum gegeben, zum Beispiel im Rundfunk, wo es einmal im Monat eine Stunde mit einer Sendung aus der Kirche gab. „Aber wir mussten zum Beispiel den Weihnachtsgottesdienst schon ein halbes Jahr vorher im Juni mit Weihnachtsliedern aufnehmen, damit alles überprüft und im Zweifelsfall korrigiert werden konnte. Und es gab diese Sonderfälle der Seelsorge, wo sich der Staat auch zurückhielt, wie RKW, die Religiösen Kinderwochen in den Sommerferien. Das war Glaubensverkündigung, die der Staat nicht gern sah – aber hinnahm."

▶ „Die First Lady vom Reich Gottes", Detail der Neuzeller Madonna im Festkleid

▲ Pfarrer Johannes Magiera lebt heute in Wittichenau

Die politische Wende

In den Monaten vor dem Mauerfall bekamen auch die katholischen Jugendlichen Neuzelles Schwierigkeiten mit dem Staat, als sie sich den Sticker „Schwerter zu Pflugscharen" auf ihre Jacken hefteten. „1989 zogen dann auf Initiative des evangelischen Pfarrers Hasler Mitglieder von beiden Kirchen mit Kerzen durch den Ort mit anschließendem Gottesdienst in unserer Kirche." Johannes Magiera hatte immer eine gute Verbindung zu seinen evangelischen Glaubensbrüdern: „Als ich nach Neuzelle kam, stellte ich fest, dass der evangelische Pfarrer Hasler ein Landsmann von mir war. Er stammte auch aus Breslau." Mit ihm organisierte Johannes Magiera einige Aktionen.

„Als Provokation empfanden unsere marxistischen Nachbarn, dass wir dabei die DDR-Nationalhymne sangen. Da knallten die Fenster zu." Pfarrer Magiera verteilte vor dem Gottesdienst den Text, weil viele Menschen ihn nicht mehr kannten. Das war ein Tabubruch, als sie mit ihren Kerzen vor der Kirche standen und sangen. „Für uns war es keine Provokation, die Nationalhymne des eigenen Staates zu singen." Und der Pfarrer zitiert aus dem Gedächtnis alle drei Strophen:

Auferstanden aus Ruinen
Und der Zukunft zugewandt,
Lass uns dir zum Guten dienen,
Deutschland, einig Vaterland.
Alte Not gilt es zu zwingen,
Und wir zwingen sie vereint,
Denn es muss uns doch gelingen,
Dass die Sonne schön wie nie
Über Deutschland scheint.

Glück und Frieden sei beschieden
Deutschland, unserm Vaterland.
Alle Welt sehnt sich nach Frieden,
Reicht den Völkern eure Hand.
Wenn wir brüderlich uns einen,
Schlagen wir des Volkes Feind!
Lasst das Licht des Friedens scheinen,
Dass nie eine Mutter mehr
Ihren Sohn beweint.

Lasst uns pflügen, lasst uns bauen,
Lernt und schafft wie nie zuvor,
Und der eignen Kraft vertrauend,
Steigt ein frei Geschlecht empor.
Deutsche Jugend, bestes Streben
Unsres Volks in dir vereint,
Wirst du Deutschlands neues Leben,
Und die Sonne schön wie nie
Über Deutschland scheint.

„Die DDR-Hymne bekam in jenen Monaten für die Menschen eine neue Qualität", versichert Johannes Magiera. Beim Zitieren des Textes von Johannes R. Becher und dem Aufkommen der Erinnerungen an die Zeit, welche nun schon über ein Vierteljahrhundert vorüber ist, gerät bei der letzten Strophe der Hymne seine Stimme ins Stocken. Bei den letzten Zeilen versagt sie ihm fast ganz. Er ist vom Gedenken an diese bewegte Zeit übermannt und Tränen füllen seine Augen ...

Pfarrer Magiera berichtet weiter von den Friedensgebeten, der Gründung „Runder Tische", an denen auch die Kirchen saßen, und der Etablierung „neuer Parteien, wie die SPD, die es in der DDR nicht gab", und über Ängste, dass an der innerdeutschen Grenze mit scharfen Waffen geschossen werde und es einen Ausnahmezustand geben könnte. „Deshalb haben wir am 9. November eine Bittwallfahrt in Neuzelle gehalten. Es gab Unklarheit über die Zukunft. Einige wollten auch eine bessere DDR, das war ein Ideal besonders bei evangelischen Christen. Doch ich wollte Deutschland wieder als einen Staat haben. Und am Tag der Deutschen Einheit am 3. Oktober 1990 flaggten sogar Pfarrer halbmast und verschlossen ihre Kirchen. Aber hier in Neuzelle war ich mir mit meinem evangelischen Amtsbruder einig: Wir feiern das!" Zusammen gingen sie zum Fahnenwechsel und sangen gemeinsam beide deutschen Nationalhymnen, nun also auch „Einigkeit und Recht und Freiheit". Am Nachmittag dieses historischen Tages fand in der Stiftskirche ein gut besuchter ökumenischer Dankgottesdienst statt, der diesen historischen Tag würdig abrundete.

Eigentums- und Rechtsfragen

Schon seine frühen Vorgänger im Amt hätten dem Staat gegenüber versucht, das Eigentum der Kirche zu verteidigen, „weil Preußens Beamte alles zu Gelde machen wollten, was die Gemeinde angeblich nicht brauchte. Das Kloster, aber nicht die katholische Gemeinde wurde säkularisiert. Und so ist der große historische Bestand an Messgewändern dem zweiten Pfarrer in Neuzelle, einem ehemaligen Augustinermönch aus dem Kloster Sagan in Schlesien, zu verdanken, der den Behörden vorrechnete, welche und wie viele Gewänder für die damals noch sechs Priester notwendig sind: in allen Farben einfache Gewänder für die Wochentage, gute Gewänder für die Sonntage, festliche Gewänder für Hochfeste. Das gleiche galt für die barocken Messkelche."

Über die Jahre ging das Wissen um die Zusammenhänge der Eigentumsverhältnisse und geltenden Nutzungsrechte im ehemaligen Kloster Neuzelle verloren. „Als nach der Wende neue Stiftungsmanager hier das Ruder übernahmen und öffentlich verkündeten, man werde hier das zu Ende bringen, was 1817 versäumt wurde", wusste Pfarrer Magiera, was nun kommen würde und zog bald darauf persönliche Konsequenzen. Es kam der Punkt, wo er merkte, dass er in Neuzelle nicht mehr mit der staatlichen Stiftung zusammenarbeiten konnte, und er bat seinen Oberhirten zwei Jahre vor seinem 65. Geburtstag um seine Versetzung. Er wollte zum Beispiel keine rein kulturellen Konzerte oder Theateraufführungen in der katholischen Kirche – „diese Veranstaltungen waren für mich nicht gesegnet". Einer der Auslöser für seinen Weggang nach Wittichenau war die Restaurierung des Kirchturmes mit der goldenen Kugel, die ins Pfarrhaus kam. „Das wurde mir als illegale unrechtmäßige Aneignung von Staatseigentum unterstellt und man könne mich verhaften lassen", berichtet er erregt. In Gegenwart des Stiftungsdirektors wurde die Kugel geöffnet. Und dort fand sich ein Schreiben des damaligen Pfarrers, der darin ausdrückte, dass Deutschland hoffentlich bald wieder einig wird. Also nicht der Staat, sondern die katholische Kirche hatte nach dem Zweiten Weltkrieg den Turm wieder in Ordnung gebracht", erzählt Johannes Magiera diese Episode mit einem Lächeln um den Mund.

Verschiedene Versuche einer Wiederbesiedelung

Den heutigen Pfarrer Ansgar Florian sieht er rückblickend „als ideale Nachfolge für mich". Er kannte Neuzelle schon über viele Jahre, machte hier als Jugendlicher Kirchenführungen und „er hatte ein breites Kreuz, um das ganze Heckmeck mit den staatlichen Stellen zu ertragen", bilanziert er nüchtern.

Von Ansgar Florian erfuhr er auch von den Ideen und Plänen, wieder Zisterziensermönche nach Neuzelle zu bringen. Aber auch hier bleibt der körperlich nicht sehr große über 80-jährige Johannes Magiera seiner leicht skeptischen Art treu, wenn er sagt: „Wir haben für Neuzelle schon eine Reihe von Ansätzen erlebt." Und er erzählt die Geschichte von Prior Pater Ubald Maria der bis zu seinem Tod 2006 neben der Wallfahrtskirche

▲ Blick auf die Josephskapelle und die Kirche in Neuzelle

Rosenthal in Sachsen lebte. „Pater Ubald wollte mit anderen Zisterziensern aus der Abtei Ossegg dem heiligen Bernhard Neuzelle wiederschenken". Als das Priesterseminar aus Neuzelle wegging, bemühte sich Bischof Huhn, einen Orden für Neuzelle zu finden. „Er sprach die wenigen Zisterzienser an, die im Osten lebten, aber es wurde nichts. Dann folgten Augustiner aus dem Donautal, die kamen, sahen und sagten ab. Ihnen folgten Benediktiner, die fragten, wie kommen wir in die Kirche vom Kanzleigebäude? Aber doch nicht über den Klosterplatz? Wir benötigen einen Kreuzgang! Dann hatten sie die Idee, das Gebäude zu übernehmen, um dahinter eine eigene Kirche zu bauen, bei der sogenannten Scheibe. Doch das war finanziell unrealistisch. Oder kommt die Kreuzkirche in Verbindung mit dem Pfarrhaus in Frage? Das ging selbstverständlich nicht, weil dort die evangelische Kirche seit fast 200 Jahren ihre Gottesdienste feiert. Dann kamen Franziskaner aus Vierzehnheiligen, aber auch daraus wurde wegen der baulichen Verhältnisse nichts. Manches Mal habe ich den Gründergeist bei den verschiedenen Abordnungen der Orden, die uns in Neuzelle besuchten, vermisst. Die jetzigen Zisterzienser kommen aus einem großen Kloster und sind ein Leben mit über 100 Mönchen gewöhnt. In Heiligenkreuz gehört ihnen alles."

Vieles habe sich seit seinem Weggang aus Neuzelle vor über zwei Jahrzehnten positiv gewandelt. Mittlerweile gibt es zwischen dem Land Brandenburg und dem Vatikan einen Staatsvertrag. So verbindet auch Johannes Magiera wie viele andere gläubige und nichtgläubige Menschen „die große Hoffnung, dass dieser Versuch der Mönche aus Heiligenkreuz und ihr aufrechtes Bemühen um die Neugründung von Kloster Neuzelle gelingen möge. Das schließe ich in meine Gebete mit ein."

▶ Detail der Mariensäule im Kloster Ossegg

„Chance und Herausforderung zugleich"

Monsignore Georg Austen, Generalsekretär des Bonifatiuswerkes der deutschen Katholiken und Geschäftsführer des Diaspora-Kommissariats der deutschen Bischöfe

Warum unterstützt das Bonifatiuswerk die Klosterneugründung in Neuzelle?

GA: Das Bonifatiuswerk ist ein Hilfswerk für den Glauben, das seit 1849 katholische Christen in der Diaspora unterstützt. Wir möchten die Katholiken in ihrem Glauben stärken und für den Dienst an der Verkündigung der Frohen Botschaft, aber auch für einen profilierten Einsatz in der Ökumene befähigen. Dafür geben uns die Menschen ihre Spenden. Unseren Spendern ist auch sehr bewusst, dass wir keine öffentlichen und – zweckgebunden für die Unterstützung der katholischen Kirche – prozentual nur sehr geringfügige Kirchensteuermittel erhalten. Durch Projekte und Aktionen möchten wir den christlichen Glauben und unser katholisches Profil in der Gesellschaft wachhalten. Eine Zielgruppe sind daher Menschen, die keinen Zugang zum Glauben und zur Kirche haben. Die Frage ist, wie können wir ihnen die Inhalte des Glaubens und unsere Werte

▼ Monsignore Georg Austen ist Generalsekretär des Bonifatiuswerkes der deutschen Katholiken und Geschäftsführer des Diaspora-Kommissariats der deutschen Bischöfe

vermitteln? Es geht uns ebenso darum, die aktiven Menschen, beispielsweise durch Weiterbildungen zu den Inhalten des Glaubens, zu stärken.

Unsere Wurzeln liegen in Deutschland. Inzwischen wirken wir auch in ganz Nordeuropa und in den baltischen Staaten Estland und Lettland. Für uns ist entscheidend, unsere Glaubensbrüder und -schwestern, die als Minderheit leben, nicht allein zu lassen. Das bedeutet konkret, wir sind nicht nur ein Glaubens- sondern auch ein Solidaritätswerk. Finanziell fördern wir unter anderem Bauprojekte in Kirchen, Kindergärten oder Klöstern. Bei der Mobilität unterstützen wir die bei vielen Menschen bekannten gelben BONI-Busse. Jedes Jahr stellen wir etwa 45 neue Busse zur Verfügung. In Deutschland fahren für ältere oder behinderte Menschen, für Flüchtlinge und für junge Menschen, die über größere Distanzen in der Diaspora zum Religions- oder Firmkurs wollen, derzeit etwa 600 durchs Land. Ab 2018 wird auch ein BONI-Bus von den Zisterziensern in Neuzelle eingesetzt.

In der Kinder- und Jugendpastoral, der katechetischen und Glaubenshilfearbeit helfen wir, Räume für den Glauben zu eröffnen, damit sich Gemeinschaft bilden und treffen kann. Wenn sich in Neuzelle nun diese neue Möglichkeit monastischen Lebens in der Diaspora bietet und wir um Unterstützung gebeten werden, dann schauen wir nach den ideellen und finanziellen Unterstützungsmöglichkeiten, um diesen ermutigenden Aufbruch zu fördern.

Bereits in der Vergangenheit waren Sie fördernd und unterstützend in Neuzelle aktiv. Was haben Sie dort konkret unternommen?

GA: Die Unterstützung des Bonifatiuswerkes zielt grundlegend darauf ab, Menschen die Teilhabe an den kirchlichen Grunddimensionen von Verkündigung, Liturgie und Diakonie zu ermöglichen. Ziel ist es, das Entstehen christlicher Gemeinschaft zu fördern. In der Nachfolge unseres Namenspatrons, des heiligen Bonifatius, sehen wir unseren Auftrag darin, in die Welt hinaus zu gehen, um zur Verkündigung des Evangeliums beizutragen. Wenn ich „bonifacere" aus dem Latein ins Deutsche übersetze, dann heißt das „Gutes tun".

Jährlich fördern wir bis zu 900 Projekte. Dazu gehören unter anderem mit etwa einer halben Million Euro die sogenannten RKW, die Religiösen Kinderwochen. Jährlich nehmen circa 16 000 Kinder und Jugendliche daran teil und erfahren so Glaubens- und biblische Themen. Das haben wir übrigens schon zu DDR-Zeiten gemacht – auch für Neuzelle. Im vergangenen Jahr haben wir die RKW mit über 400 000 Euro gefördert.

▲ Eingangsschild des katholischen Kindergartens Neuzelle

Im Jahr 2006 konnten wir in Neuzelle den katholischen Kindergarten mit über 540 000 Euro und 2016 eine neue Kapelle in der integrativen Gesamtschule der St.-Florian-Stiftung mit 75 000 Euro fördern.

Zudem stellen wir für alle katholischen Kindertagesstätten Mittel zur Verfügung, weil es für uns wichtige Lern- und Lebensorte sind, um mit dem Glauben in Berührung zu kommen. Wir fördern jeden der über 12 000 Kindergartenplätze mit jährlich 49 Euro. Seit 1990 konnten wir allein über 10 Millionen Euro für die religionspädagogische Arbeit der Kitas zur Verfügung stellen.

Auch Neubauten kirchlicher Gebäude, wie den Neubau der Propsteikirche in Leipzig oder die Renovierung der Jakobuskathedrale in Görlitz, haben wir aktiv unterstützt.

Wie läuft Ihre Unterstützung konkret?

GA: Wir sammeln Spenden und stellen diese als Hilfe zur Selbsthilfe objekt- und projektgebunden zur Verfügung. So unterstützen wir beispielsweise im Bistum Görlitz eine Personalstelle. In dieser Region siedeln sich immer mehr polnische Menschen an. Oft sind es gläubige Katholiken, die nach Begleitung und Unterstützung suchen – auch bei der Seelsorge und den pastoralen Herausforderungen.

Eine neue Herausforderung ist derzeit die Wiederbesiedelung von Kloster Neuzelle, wo in alten Gemäuern, auf alten Wurzeln, neues geistliches Leben entsteht. Wir möchten in einem sehr säkularisierten Umfeld, wo der größte Teil der Bevölkerung keiner christlichen Konfession mehr angehört, unsere Kirche wieder sichtbarer und greifbarer machen. Für das wiederbelebte Kloster gibt es durch eine Kooperationsvereinbarung spezielle Spenden- und Fundraisingmaßnahmen. Unter anderem übernehmen wir die Verwaltungsarbeit und stellen steuerabzugsfähige Zuwendungsbestätigungen dafür aus. Das haben wir auch schon so ähnlich bei Kloster Helfta in Sachsen-Anhalt und der neuen Leipziger Propsteikirche gemacht. Wie konkret die künftige Klostergemeinschaft Gestalt gewinnt, wie sie in der Region ein Gesicht bekommt, was ihre Arbeit sein wird, das können wir nicht voraussagen. Die Verantwortung dafür liegt in der Klostergemeinschaft und im Bistum. Im Rahmen unserer Möglichkeiten möchten wir das mit Vernetzung und Finanzen unterstützen und fördern. Diese neuen Aufbrüche sind auch für andere Regionen in Deutschland ermutigend.

Warum ist die Förderung monastischen Lebens eine besondere Aufgabe des Bonifatiuswerkes?

Die alten traditionellen Formen des Glaubens benötigen besondere Orte. Wo Menschen Glauben erleben, dort entstehen heilige Orte des Gebets, die in die Kulturlandschaften der Regionen ausstrahlen. Wir spüren sehr deutlich, dass Klöster bis heute eine faszinierende Anziehungskraft besitzen. Leider erleben wir gerade in Deutschland immer mehr, dass Orte des geistlichen Lebens schließen, weil es an Berufungen fehlt. Wir fördern daher die traditionellen alten Orden, aber auch neuere Gemeinschaften, wie die „Fazenda da Esperança" auf dem Gut Neuhof und in Birkenau, die Missionsschwestern in Berlin oder die Don Bosco Salesianer in Berlin-Marzahn. Sie alle sind für uns Leuchttürme in glaubensfernen Landschaften. Durch sie werden Kirche und Glaube sichtbar. Im Zeitalter einer zunehmenden Gottvergessenheit und auch eines theoretischen und praktischen Atheismus bedarf es lebendiger Glaubens- und Lebensorte, die sich aus der Botschaft des Evangeliums immer wieder erneuern.

Sie sind auch schon einige Male in Neuzelle vor Ort gewesen?
GA: Ja, ich kenne das ehemalige Kloster und die katholischen Einrichtungen, wie die St.-Florian-Stiftung, den katholischen Kindergarten und die integrative katholische Grundschule. Im Herbst waren wir mit einer Gruppe von Journalisten erneut in dieser herrlichen Anlage vor Ort. Aber wir wollen ja keine Museen fördern. Der Glaube ist keine Konservendose, wo das Verfallsdatum überschritten ist, sondern wir unterstützen die Menschen vor Ort, um Atemräume des Glaubens zu schaffen. Wir nennen sie auch Anders-Orte, so wie die Klöster als Orte des Gebetes und der lebendigen Kirche in ökumenischer Verbundenheit, wie es ja auch in Neuzelle seit 200 Jahren praktiziert wird. Katholische und evangelische Christen leben hier in einer Minderheitensituation – das ist eine Chance und Herausforderung zugleich.

▲ Am Eingang der integrativen katholischen Grundschule in Neuzelle

Die katholische Kirche ist derzeit mit vielen Umbrüchen und Veränderungen befasst. Wie nehmen Sie diese Lage aus Sicht des Bonifatiuswerkes wahr?
GA: Wir sehen, dass sich die katholische Landschaft, wie überhaupt die christlichen Gläubigen in Deutschland und in Europa, verändern. In München sind mittlerweile die Christen in der Minderheit. Wer hätte das noch vor Jahren gedacht? Auch in Düsseldorf oder Köln machen die Christen nur noch etwa 50 Prozent der Bevölkerung aus. Das sollten wir nicht bejammern und beklagen, sondern wir müssen mit dieser Realität umgehen. Als Bonifatiuswerk stellen wir uns die Frage, welcher Gestalt von Kirche wir zukünftig begegnen wollen und wie wir dies heute fördern können. Natürlich ist die Situation in Görlitz, Dresden oder Rostock noch einmal ganz anders, weil sich viele Menschen in diesen Regionen im Laufe der Geschichte von der Kirche entfremdet haben. Warum wächst aber in Schweden oder Norwegen die katholische Kirche um 15 bis 20 Prozent? Klar, sie ist dort eine extreme Minderheitenkirche, aber sie ist jung, sie ist international, eine Mi-

grantenkirche, materiell arm, aber an Leben reich. Das erleben wir bei unserer Arbeit im Bonifatiuswerk, wenn an alten Orten des Glaubens wieder neue Klöster gebaut werden und monastische Gemeinschaften sich wieder ansiedeln.

Die Brückenfunktion nach Polen ist für das Neuzeller Kloster und die katholische Gemeinde dort wichtig – auch für die Arbeit des Bonifatiuswerkes?
GA: Polen gehört nicht zu unseren Unterstützungsregionen. Trotzdem freut uns natürlich eine tragende und lebendige Brückenfunktion, die auf diese Weise entstehen kann. Unser Ziel ist es, Glaubensbrüder und -schwestern zu unterstützen, die in einer Situation wie im Bistum Görlitz leben. Also Gläubige, die als Gemeinschaft klein sind und damit finanziell keine großen Möglichkeiten haben. Dennoch ist man genau an diesen Orten mit schöpferischer Kraft sehr aktiv, wie die letzten Monate besonders in Neuzelle gezeigt haben. Auch die Gottesdienste sind hier noch sehr gut besucht. Wir geben in diesen Regionen der Solidarität unter den Katholiken ein Gesicht.

Haben Sie einen Wunsch mit Blick auf die aktuellen Entwicklungen in Brandenburg?
Unser Wunsch für Neuzelle ist, dass dort eine neue Keimzelle des christlichen Glaubens auf den alten Wurzeln und in den alten Klostergemäuern entsteht, die sich einbindet in die dortigen Rahmenbedingungen. Die Strahlkraft dieses Gebetsortes über Neuzelle hinaus erhoffen wir uns ebenso. Alle Menschen, ob getauft oder nicht, sollten hier eine einladende, offene und sinnstiftende Kirche finden.

▼ Ab 2018 wird ein BONI-Bus des Bonifatiuswerkes von den Zisterziensern in Neuzelle eingesetzt

„Der Bart muss vor der Weihe weg"

Pfarrer Josef Rudolf war einst Geheimsekretär von Kardinal Meisner in Ost-Berlin und viele Jahre Gemeindepfarrer im Erzbistum Berlin. Er erinnert sich an seine Zeit in Neuzelle, wo er Kardinal Alfred Bengsch traf, und an die Liebe seines ehemaligen Chefs Kardinal Meisner zum Neuzeller Wall-fahrtsort.

„1972 war ich mit meinen Kommilitonen im Pastoralseminar Neuzelle. Nach dem Abschluss des theologischen Studiums in Erfurt stand dort im Vordergrund die Kenntnis um die Pastoralia, also die praktischen Gesichtspunkte für einen kommenden Seelsorger. Dazu gehörte vor allem die Homiletik, die Predigtlehre", erinnert sich Josef Rudolf in seiner Wohnung in Erkner in einem ehemaligen Forsthaus. „Als Alumne in Neuzelle habe ich die Stiftskirche auch in der Winterzeit wahrgenommen. Ich kenne keine kältere Kirche als die in Neuzelle." Die Zeit der Ausbildung war vor allem auch der Klärung des Berufswunsches gewidmet. „Die feierliche Admissio, die Annahme zu den Weiheämtern Diakon und Priester, fand leider nicht in der Stiftskirche, sondern in unserer Hauskapelle des Priesterseminars statt."

Auf dem linken Flügelgebäude des Stiftsensembles war eine Ausbildungsstätte für Lehrer, das Lehrerbildungsseminar, „das freilich ganz dem Sozialismus verschrieben war. Demzufolge war es auch den dortigen Schülern und Schülerinnen streng verboten, mit uns Kontakt aufzunehmen. Selbst der Besuch der Stiftskirche war für sie untersagt." Die rechte Seite, also der lange Trakt des Kanzleigebäudes, war der Priesterausbildung gewidmet. „Mein Geburtsort Müllrose ist nicht weit entfernt von Neuzelle." Als er gerade fünf Jahre alt war, unternahm der kleine Josef zusammen mit seinen Eltern aus Anlass einer Priesterweihe eine kleine persönliche Wallfahrt zur Stiftskirche in Neuzelle. Seine Eltern erzählten ihm später noch oft davon, weil sie sehr staunten und überrascht waren, „dass ein fünfjähriger Knabe über drei Stunden lang so aufmerksam und still sein konnte. Wahrscheinlich haben mich die vielen barocken Ausschmückungen der Kirche fasziniert", meint Josef Rudolf heute.

▲ Josef Rudolf mit den neuen Glocken für St. Bonifatius in Erkner

Kardinal Bengsch

Eine Begebenheit während seiner Zeit in Neuzelle ist ihm bis heute lebhaft in Erinnerung geblieben. Während seines Alumnates fand eine sogenannte Ordinarienkonferenz der ostdeutschen Bischöfe in Neuzelle statt. „Drei Tage waren die Bischöfe in unserem Haus. Ich hatte mir damals einen richtigen Vollbart stehen lassen." Rückblickend war das „ein wenig eine Protesthaltung, denn das alte Kirchenrecht ließ eine Priesterweihe für einen Priester der lateinischen Kirche mit Bart nicht zu. Es sollte der Unterschied zur Tradition der Orthodoxie gewahrt bleiben. Mein zuständiger Bischof war Kardinal Alfred Bengsch, der ja den Vorsitz der Bischofskonferenz innehatte. Spät am Abend ließ er mich zum Gespräch rufen. Ich habe dieses Gespräch noch gut in Erinnerung, war doch zu befürchten, dass er mich darauf aufmerksam machen wollte, dass vor der Weihe der Bart wegmuss, wie es das Kirchenrecht verlangte."

Aber Kardinal Bengsch verlor kein Wort über den Bart des Priesterkandidaten, „sondern ermutigte mich zum endgültigen Entschluss, die Priesterweihe anzustreben. Am nächsten Morgen nach einem festlichen Gottesdienst in der Stiftskirche und dem Frühstück gab es die Verabschiedungsprozedur. Bei der Gelegenheit spürte ich die überaus große Hand des Kardinals in meiner Hand. Und mit seinem unvergleichlichen Berliner Dialekt raunte er mir zu: ‚Na, denn wünsch ich dir nur, dass dir dein Bart nicht zur Berufskrise wird ...'"

Augustinerchorherren in Neuzelle

Pfarrer Rudolf kann sich gut erinnern, dass es dem Görlitzer Bischof Bernhard Huhn nach der politischen Wende in Deutschland 1989 ein Anliegen war, „diesem vor 200 Jahren zwangsweise aufgelassenen Zisterzienserkloster wieder Leben einzuhauchen", und er fragte bei einigen Orden an, ob sie sich vorstellen könnten, dieses Kloster wiederzubeleben. „Ich war drei Jahre in einem Augustinerkloster in Herzogenburg in Niederösterreich, wo ich mich prüfte, ob dies eine Lebensweise in der Nachfolge Christi für mich wäre." In dieser Zeit fragte ihn sein Propst, ob er Neuzelle kenne, weil er eine Anfrage und Einladung des Görlitzer Bischofs Huhn erhalten habe. „Kurz entschlossen meinte der Propst, man müsste sich das vor Ort ansehen und nahm den Generalabt der Augustinerchorherren aus St. Florian bei Linz gleich mit." Josef Rudolf fuhr mit beiden Würdenträgern im kalten Winter am 9. und 10. Februar 1993 vom Flughafen Tempelhof nach Neuzelle. Schnee und klirrende Kälte ließen sie auf der Autobahn von Berlin Richtung Frankfurt/Oder nur schwer vorankommen. „Von der hinteren Sitzbank fragte mich der Propst, ob es hier schon in Richtung Sibirien ginge ..." Nach Besichtigung der Klosteranlage, die damals noch lange nicht so gut restauriert war wie heute, und Einschätzung der verwaltungstechnischen und rechtlichen Belange, entschieden sich die Augustiner gegen eine neue Besiedlung von Kloster Neuzelle.

Neuzelle und Kardinal Meisner

Als gebürtiger Schlesier hatte Kardinal Meisner – auch als er schon längst von Berlin nach Köln gegangen war – immer eine tiefe Zuneigung zur Wallfahrtsmadonna und zum Klosterkomplex in Neuzelle behalten. „In den 60er Jahren war er in Neuzelle im Pastoralseminar, noch unter der Leitung eines bedeutenden Regens und vielleicht noch bedeutenderen Spirituals. Aber als Bischof von Berlin war er leider nie in Neuzelle, auch nicht in offiziellen Angelegenheiten", erinnert sich Pfarrer Rudolf.

▶ Pfarrer Josef Rudolf und Joachim Kardinal Meisner 2014 in Erkner bei Berlin

Als Bischof Meisner einmal ein Votivbildchen mit der Muttergottes aus Neuzelle aus seinem Brevier abhandenkam, bat er Pfarrer Josef Rudolf um Hilfe, ihm eine neue Kopie eines Stahlstichs mit der gotischen Madonna zu besorgen, was dieser gern tat. Als in den 90er Jahren die unter der gotischen Madonnenskulptur stehende Ikone gestohlen wurde, gelang es dank seiner Vermittlung einen Ersatz zu stiften. „Der letzte Neuzelle-Besuch von ihm war seinen ehemaligen Lehrern im Pastoralseminar Neuzelle gewidmet. Er hat mit mir und dem Ortspfarrer Ansgar Florian als Konzelebranten ganz allein die hl. Messe in der Stiftskirche gefeiert in eben diesem Anliegen. Man spürte, dass ihm das ein ganz wichtiges Anliegen war."

▲ Pfarrer Josef Rudolf besucht mit Jugendlichen die Apostolische Nuntiatur in Berlin

Nachtrag: Für das hier endende Kapitel war ursprünglich ein Gespräch mit Joachim Kardinal Meisner geplant. Als Autor und Journalist schrieb ich den Kölner Erzbischof zu Weihnachten 2016 an. In meinem Brief unterrichtete ich ihn von meinen Plänen sowie der Idee, ein Buch über den Prozess und die Menschen hinter der Wiederbesiedelung des Klosters Neuzelle zu schreiben. Der Kardinal antwortete mir prompt im neuen Jahr und sprach mir Mut zu dem Vorhaben zu: „... dass Sie ein Buchprojekt planen zur geplanten Neuerstehung des Zisterzienserklosters in Neuzelle. Das ist sehr löblich, und ich könnte mir denken, dass viele Menschen darauf warten ... Für Ihr Vorhaben wünsche ich Ihnen Gottes Segen." (Brief von Kardinal Meisner vom 23. Januar 2017). Nur sein plötzlicher Tod während seiner Sommerferien in Bad Füssing am 5. Juli 2017 verhinderte es, dass ein mit ihm für Ende Juli geplantes Interview zustande kam.

Die evangelischen Brüder: Bischof Dr. Markus Dröge und Pfarrer Martin Groß

„Ich freue mich, wenn in Neuzelle die Zisterzienser wieder geistliches katholisches Leben entfalten"

Bischof Dr. Markus Dröge von der Evangelischen Kirche Berlin-Brandenburg-schlesische Oberlausitz verbindet große Hoffnung mit der Wiederbesiedelung von Kloster Neuzelle

„Es ist schon einige Jahre her, da habe ich mir zum ersten Mal diese wunderbare Anlage angeschaut mit den beiden barockisierten Kirchen, dem Museum mit Kreuzgang im ehemaligen Kloster. Aber auch das ganze Ensemble, mit der wunderbaren Gartenanlage hat mich beeindruckt", erinnert sich Markus Dröge, der seit 2009 Bischof der Evangelischen Kirche Berlin-Brandenburg-schlesische Oberlausitz ist. Bischof Dröge war damals im Rahmen einer Tagung in Neuzelle und „war gespannt auf das gerade eröffnete Theatrum Sacrum, das Himmlische Theater mit den einmaligen Kulissen und den wunderbaren Figuren des Passionsspiels aus der Barockzeit".

Doch der evangelische Bischof beließ es nicht bei seinem ersten Besuch, sondern kam erneut auf das ehemalige Klosterareal der Zisterzienser. Denn zur Besonderheit dieses Or-

▼ Bischof Dr. Markus Dröge in seinem Berliner Büro

tes unweit der Oder und der polnischen Grenze gehört es auch, dass sich nicht nur eine große katholische Wallfahrtskirche dort befindet, sondern seit 200 Jahren auch ein protestantisches Gotteshaus. Hier traf Bischof Dröge zum ersten Mal die Zisterzienser aus Heiligenkreuz. „Als wir im Mai 2017 unsere evangelische Kirche nach der Renovierung feierlich einweihten, kamen nicht nur Ministerin Martina Münch und einige ihrer höheren Beamten aus Potsdam, sondern es feierten mit uns auch die Zisterziensermönche, die uns als Vortrupp des neu zu gründenden Klosters Neuzelle regelmäßig besuchten. Ich habe mich sehr gefreut, sie kennenzulernen und von ihnen erstmals erfahren, was sich im ehemaligen Kloster Neuzelle bald alles entwickeln könnte."

Die wechselvolle Geschichte von Kloster Neuzelle war auch für Bischof Dröge immer „hoch interessant". Er erinnert an die Urbarmachung der Niederlausitz, die Bildungsbemühungen des Ordens und dann an das Schicksal nach der Verstaatlichung: „König Friedrich Wilhelm III. hat nach der Säkularisierung 1817 eine Stiftung gegründet, deren Zweck es auch war, das kirchliche Leben – katholisch, wie evangelisch – dort weiter zu pflegen. Und später in der DDR-Zeit gab es hier eines von zwei Priesterseminaren für die katholische Kirche im Osten." Diese wechselvolle Geschichte hat bis heute Auswirkungen auf den Ort „und da müssen wir uns fragen, wie gestalten wir gemeinsam das gegenwärtige Leben in Neuzelle, mit seinem historischen Erbe und seiner besonderen Identität". Schon aus diesem Grund hat es ihn sehr gefreut, „dass jetzt die Zisterzienser wieder geistliches katholisches Leben dort einbringen wollen".

Begeisterung für Kirchen und Klöster der Zisterzienser

Bischof Dröge wurde 1954 in Washington geboren und wuchs in Paris, Bonn und Brüssel auf. Der Orden der Zisterzienser hat ihn seit seinem Studium immer wieder interessiert. „Seit Gründung des Ordens um 1098 und mit Blick auf die Kirchengeschichte muss man feststellen, dass es ein ganz bedeutender Reformorden ist. Besonders die Strenge im Inneren des Ordenslebens und im Äußeren bei der Architektur der Kirchen und Klöster, hat mich schon als Student in München und Tübingen sehr begeistert." Er habe damals auch Citeaux in Frankreich besucht: „Die landschaftliche Atmosphäre in Südfrankreich, die tut natürlich auch das Ihrige dazu. Die Landschaft verbunden mit dem geistlichen Leben – das ist für mich bis heute sehr eindrucksvoll. Wenn ich mich recht erinnere, gibt es klare architektonische Anweisungen, zum Beispiel, dass ein Bach in ganz besonderer Weise unter dem Kloster her fließen muss, damit alles hygienisch ist für die Küche wie auch für den Abort."

▲ Blick in das Heilige Grab, das ein eigenes Museum hat, das von der Stiftung Stift Neuzelle betrieben wird

▲ Bischof Markus Dröge mit Brandenburgs Kulturministerin Martina Münch

▲ Detail einer Figur der Passionsdarstellungen aus dem „Himmlischen Theater" in Neuzelle

Mit der möglichen Wiederbesiedelung des ehemaligen Klosters in Neuzelle, dessen Immobilien, wie der Kreuzgang, das Refektorium, die Kirchen ja selbst die Pfarrhäuser und Wälder alle der staatlichen Stiftung Stift Neuzelle gehören, „könnten dem Christentum in Brandenburg neue Impulse verliehen werden", meint Bischof Dröge. „Ich glaube, es ist wichtig, wenn wir gerade hier in Brandenburg, in Neuzelle einen Ort mit Ausstrahlung schaffen und ihn ökumenisch ausrichten." Das sei durch die historische Entwicklung der vergangenen 200 Jahre „ein besonders glücklicher Umstand". Im Januar 1818 wurde in Neuzelle auf dem zu diesem Zeitpunkt schon säkularisierten Klosterareal die evangelische Gemeinde gegründet. Ortspfarrer heute ist Martin Groß, der viele Jahre in der Gefängnisseelsorge in Cottbus sowie als Landespfarrer für Gefängnisseelsorge in Brandenburg tätig war. Er pflegt einen guten Kontakt zu den neuen Ordens-Nachbarn. Das sind gute Voraussetzungen für die Zukunft, findet Bischof Dröge: „Wir als evangelische Christen sind ja nun seit 200 Jahren in der sogenannten Leutekirche präsent. Parallel dazu gab es immer katholisches Leben. Und ich freu mich, dass Pfarrer Groß sich sehr interessiert darauf einlässt und auch schon intensive persönliche Kontakte mit den Mönchen geknüpft hat. Insofern bin ich guter Dinge, dass wir gemeinschaftlich da etwas Gutes aufbauen werden."

Gelebte Ökumene

Die geistliche Nähe und gelebte Ökumene in Neuzelle zeigte sich besonders am 31. Oktober 2017, als der 500. Jahrestag der Reformation gefeiert wurde. In der evangelischen Heiligenkreuzkirche gab es an diesem Tag eine historische Premiere, denn es war über zwei Jahrhunderte her, dass dort ein katholischer Mönch predigte. An diesem besonderen Tag stand Pater Kilian Müller vor der evangelischen Festgemeinde und nachdem um 15.17 Uhr, in Erinnerung an das Jahr des Thesenanschlags Martin Luthers 1517, die Glocken sowohl der katholischen als auch der evangelischen Gemeinde lange läuteten, hielt der Zisterziensermönch, dessen evangelische Familie aus Hessen kommt, die Predigt. An der Orgel saß sein Mitbruder Pater Simeon und begleitete den festlichen Gottesdienst musikalisch. In Neuzelle hätte man nicht besser an diesem besonderen Feiertag ein Zeichen gelebter Ökumene setzen können – da waren sich die Besucher und Gläubigen einig. Sie alle waren sehr von dieser gemeinsamen Feier im heutigen evangelischen Gotteshaus

◄ Nach dem Festgottesdienst am 500. Reformationstag am 31. Oktober 2017 trafen sich die beiden Pfarrer und die Zisterzienser vor der evangelischen Kirche zum Heiligen Kreuz

angetan, welches den Mönchen in früheren Jahrhunderten einmal als Pfortenkapelle des Klosters gedient hatte. Wenn es nach Bischof Dröge geht, war diese ökumenische Feier kein einmaliger Akt: „Die Gemeinschaft zu pflegen, gemeinschaftliche Gottesdienste zu gestalten, vielleicht auch einmal im Bildungsbereich etwas zusammen zu planen und durchzuführen – das alles kann eine große Zukunft haben."

Nur der Wille, die Impulse und Umsetzung müssten vor Ort erfolgen, denn „die evangelische Kirche ist anders strukturiert als die katholische Kirche. Wir bauen die kirchliche Gemeindearbeit sehr stark von unten nach oben auf, das heißt immer die Kirchengemeinde und dann auch der Kirchenkreis sind zuständig für das, was konkret vor Ort in einer Region geschieht. Wir als Landeskirche steigen also nicht direkt in die regionale Arbeit ein. Aber ich werde das nicht nur wohlwollend, sondern auch aktiv begleiten und, wo ich persönlich etwas beitragen kann, dies gerne tun."

Gute Kontakte zu Zisterziensern

Mittlerweile gab es in Berlin auch ein persönliches Treffen zwischen Bischof Dröge, dem Abt der Zisterzienserabtei Heiligenkreuz Maximilian Heim und Pater Simeon, dem ehemaligen Prior in Heiligenkreuz und heutigen Hausoberen der Mönche in Neuzelle, die vor Ort die Wiederbesiedelung vorbereiten. Beim Treffen mit den beiden Zisterziensern im November 2017 sagte Bischof Markus Dröge, er gehe davon aus, dass die letzten Hürden zur Errichtung des Konvents bald genommen werden könnten: „Denn wenn so etwas Besonderes entsteht, dann hoffen wir natürlich auch auf ein wohlmeinendes Mittun der Behörden." Damit ging er indirekt auf die noch ungeklärte Frage der Klausur, also des für

▼ Bischof Dröge trifft Abt Maximilian (links) und Pater Simeon (rechts) in seinem Dienstsitz in Berlin-Mitte

▲ Engel als Kanzelträgerfigur in der evangelischen Kirche zum Heiligen Kreuz

▲ Blick in die Vierungskuppel mit barocker Ausmalung in der Heilig-Kreuz-Kirche in Neuzelle

Laien geschlossenen Bereiches im Kloster ein. Denn bisher leben die Mönche aus Österreich in ehemaligen Gästezimmern des katholischen Pfarrhauses.

Zu den guten Kontakten zwischen Orden und evangelischer Kirche gehöre auch, dass zum sogenannten Zisterziensertag im Mai 2017 in Österreich, der evangelische Abt aus Kloster Loccum und Bischof im Ruhestand Horst Hirschler anreiste und in der Klosterkirche in Heiligenkreuz predigte. Das Kloster Loccum ist eines der berühmtesten ehemaligen Zisterzienserklöster Deutschlands und feierte 2013 sein 850-jähriges Gründungsjubiläum. Heute wirkt es als „selbständige geistliche Körperschaft" in der Evangelisch-lutherischen Landeskirche Hannover, die dort unter anderem ein Predigerseminar und ein Tagungshaus betreibt. Viele Touristen und Gläubige reisen gern zu diesem gut restaurierten, alten Kloster, welches auch für kulturelle Veranstaltungen wie das überregionale „Kloster-Klang-Festival" genutzt wird. Kloster Loccum in der Nähe Hannovers und des Steinhuder Meeres gehört zur „Gemeinschaft Evangelischer Zisterzienser-Erben in Deutschland", einem Zusammenschluss, den es seit 25 Jahren gibt. Auch Bischof Markus Dröge kennt diese Treffen der Gemeinschaft Evangelischer Zisterzienser-Erben. „Wir möchten diese geistliche Tradition, die wir geerbt haben, auch würdig fortführen. Natürlich leben evangelische Christen dort nicht das klösterliche Leben nach der Ordnung der Zisterzienser, aber wir bemühen uns im evangelischen Geiste ein entsprechend spirituelles Leben aufrecht zu erhalten. Als ich auf einer Arbeitstagung der evangelischen Zisterzienserklöster als Gast eingeladen war, habe ich gemerkt, wie bewusst die evangelischen Christen diese Traditionen bewahren."

Klösterliches Erbe weiterführen

Auch in Brandenburg werden ehemalige Klöster wie Lehnin oder Chorin seit der Reformation von der evangelischen Kirche genutzt. Spielt das „Ora et Labora", also das Beten und Arbeiten, als jahrhundertealtes Motto der Mönche seit dem heiligen Benedikt in der evangelischen Kirche noch eine Rolle? „Wir bemühen uns, diese Klöster als geistliche Zentren weiter zu betreiben. Das ist bei uns immer eine Mischung aus kontemplativen Leben, also beispielsweise Einkehrtagen, von gottesdienstlichem Leben, aber auch von diakonischem und kulturellem Engagement."

Auch Martin Luther war einst Mönch, allerdings bei den Augustinern. Seine spätere Frau Katharina von Bora war eine Nonne – übrigens eine ehemalige Zisterzienserin. Bischof Markus Dröge hatte schon als junger Pfarrer viele Kontakte zum klösterlichen Leben. „Ich lebte ja 25 Jahre in Koblenz ganz in der Nähe von Kloster Maria Laach. Das war für mich und meine Familie immer ein schöner Anlaufpunkt. Wir fuhren dort regelmäßig hin, um Bücher, Karten oder sakrale Kunst zu kaufen. Auch Pflanzen, Gemüse und Obst haben wir dort in der Kloster-Gärtnerei erworben. Und selbstverständlich nahmen wir – wenn wir dort waren – am geistlichen Leben der Mönche teil."

Als Bischof Dröge 1998/99 seine Doktorarbeit schrieb, ist er „auf Einladung des Abtes des Benediktinerklosters Maria Laach oft in der Klosterbibliothek gewesen. Man stellte mir einen Raum zur Verfügung, wo ich in Ruhe arbeiten konnte." Wenn er dort war, nahm er an den Mittagessen der Mönche teil, „die ja dort schweigend eingenommen werden. Dazu wird aus der Regel des heiligen Benedikt vorgelesen. Das hat mich schon sehr beeindruckt."

Ging Bischof Dröge in ein Kloster und nutzte die dortige Bibliothek zum Forschen und Studieren, weil er sich wissenschaftlich mit dem Ordensleben auseinandersetzte? „Nein, das hatte nichts mit dem Monastischen zu tun. Ich habe über Kirchenverständnis promoviert. Aber wenn man an einer wissenschaftlichen Arbeit schreibt, dann braucht man Ruhe. Da war dieser monastische Rahmen genau das Richtige, und bis heute bin ich für die Freundlichkeit der Mönche dankbar, die mich dort so gastfreundlich aufgenommen haben."

▲ Brunnen im Benediktinerkloster Maria Laach; in der Bibliothek des Klosters schrieb Markus Dröge seine Doktorarbeit

▼ Gottvater-Figur mit Engeln über dem Hochaltar der Heilig-Kreuz-Kirche in Neuzelle

Spiritueller Ort mit Gastrecht

So wie Bischof Markus Dröge nutzen nicht nur evangelische Christen, sondern auch Atheisten das großzügige Gastrecht von Benediktinern oder Zisterziensern, welches in ihren Ordensregeln mit der Aufforderung einhergeht, den Gast wie Christus aufzunehmen. „Die großen christlichen Kirchen sind heute auf vielen Feldern engagiert, aber ihr Wesenskern liegt im Spirituellen und der Verkündigung des Glaubens", unterstreicht Bischof Dröge. „Wir sind als Kirche in ganz vielen gesellschaftlichen Bereichen präsent, ob im Sozialen, bei der Bildung, im Religionsunterricht an den Schulen oder bei der Flüchtlingshilfe. Aber das spirituelle Leben ist der Kern des kirchlichen Lebens und deshalb brauchen wir auch verschiedene Orte der Spiritualität. Für den einen ist das der Besuch des Taizé-Gebets in seiner Gemeinde, ein anderer nimmt sich eine Woche im Jahr eine Auszeit in einem Haus der Stille. Die Traditionen der spirituellen Orte und besonders die Klöster hatten schon immer eine große Bedeutung,

▲ Bischof Dröge predigt von der Kanzel der Heilig-Kreuz-Kirche am 200. Jubiläum der evangelischen Kirche in Neuzelle im Januar 2018

weil dort alles stimmt, um geistlich zur Ruhe zu kommen. Diese uralten Traditionen gehören zur Identität unseres Landes, und wir müssen sie weiter pflegen. Wie in Neuzelle sind Klöster so in die Landschaft hineingebaut worden, dass der Ort mit seinen Gebäuden das geistliche Leben selbst schon strukturiert."

Kritische Stimmen

Hin und wieder kommen Kritiker zu Wort und meinen, ein Leben als Mönch und im Kloster, das sei im 21. Jahrhundert überholt, unzeitgemäß ja regelrecht rückwärtsgewandt. Dem widerspricht Bischof Dröge vehement. „Sicher muss man das monastische Leben im Kontext unserer Zeit sehen. Im Kloster Lehnin zum Beispiel haben wir eine diakonische Einrichtung. Wir verbinden den geistlichen Ort mit praktischen Aufgaben der Gegenwart. Dass sich dort heute auch eine Schule und ein Kindergarten befinden, ist eine zeitgemäße Interpretation dieser geistlichen Orte."

Kritische Anmerkungen gab es auch von Seiten der Rahn-Schule in Neuzelle, die einen großen Teil des ehemaligen Klosterkomplexes angemietet hat. Das schulische System könne durch die Mönche gestört werden, behauptet ein Vertreter des Schulträgers, weil es auch atheistische, buddhistische oder muslimische Schüler gibt, die dort lernen und im Internat leben. Bischof Dröge glaubt hingegen nicht, dass es ein Problem für muslimische oder andersgläubige Schüler geben muss, wenn nun wieder richtige Mönche in Neuzelle leben. „Es kommt in unserem Land bei der Bildung darauf an, das Zusammenleben unterschiedlicher Religionen zu gestalten. Es ist eine der ganz großen Herausforderungen. Unsere Landeskirche fördert in Kirchengemeinden, Kindergärten und Schulen, dass Kinder und Jugendliche interreligiös miteinander lernen. Wir werden in Berlin demnächst sogar einen interreligiösen Kindergarten – mit christlichen, jüdischen und muslimischen Trägern – aufbauen. Insofern kann ich Schulen nur ermutigen, die Wiederbesiedelung von Kloster Neuzelle als einen positiven, neuen Beitrag zu sehen, der auch den Dialog und das Zusammenleben zwischen unterschiedlichen Religionen und mit Konfessionslosen stärkt."

Chance für Bildung und Gemeinsinn

Abschließend fasst Bischof Markus Dröge seine Visionen und Ideen für Kloster Neuzelle noch einmal zusammen: „Es ist ein Ort mit großer christlicher Tradition. Der Tourismus, die Denkmalpflege, das gottesdienstliche Leben, die Schulen – alle können von dieser neuen Entwicklung einer Wiederbesiedelung von Kloster Neuzelle mit Mönchen profitieren. Mit sogenannten Synergieeffekten ist also zu rechnen Aber jeder muss dafür auch offen und bereit sein und sich fragen, was können wir miteinander organisieren und gestalten, damit es einen Nutzen für alle gibt." Doch nicht nur weltlich-kulturellen, sondern auch christlichen Mehrwert erhofft sich Bischof Markus Dröge: „Das geistliche Leben wird neue Impulse bekommen und das ökumenische Leben gestärkt werden. Aber die Mönche wirken auch in die Gesellschaft hinein. Ein Mönch ist bereits in einer katholischen Ortsgemeinde tätig, ein anderer als Lehrer in einer Schule. Das ist auch gut für das katholisch-evangelische Verhältnis und wird nicht nur den Ort Neuzelle, sondern die ganze Region beflügeln."

„Nirgendwo wird Ökumene so stark praktiziert wie hier"

Pfarrer Martin Groß: vom Gefängnisseelsorger zum Ortspastor

„Früh um kurz vor 5 Uhr stand ich am Fenster des Pfarrhaues und dachte, was ist denn das? Seltsame, komische Gestalten, die da über den Klosterhof in Richtung Kirche eilen ...", erzählt Martin Groß mit einem Schmunzeln in seinem großen Büro in Neuzelle. Kurze Zeit später klingelte sein Nachbar, der katholische Pfarrer Ansgar Florian bei ihm und sagte: „Ich möchte dir mal kurz den Abt vorstellen aus Heiligenkreuz." „Und dann hat mir Pfarrer Florian so unter der Hand zugeflüstert, vielleicht kommen sie wieder, die Mönche. Von Heiligenkreuz hatte ich vorher noch nie etwas gehört und gedacht, es wäre eine landwirtschaftliche Schule, dabei ist es eines der ältesten Klöster im deutschsprachigen Raum, das seit seiner Gründung 1133 ununterbrochen besteht", berichtet Pfarrer Groß.

▼ Pfarrer Martin Groß vor dem evangelischen Pfarramt in Neuzelle

Martin Groß stammt aus einer Intellektuellen-Familie Ostberlins. Geboren 1960, wuchs er zusammen mit zwei Brüdern unweit des Ostbahnhofs am Stralauer Platz auf. Dort – bei der Berliner Mauer – ging die Familie in die evangelische Gemeinde St. Andreas und St. Markus. Sein Vater war Chemiker und Professor an der Akademie der Wissenschaften der DDR und an der Humboldt-Universität beschäftigt. Seine Mutter arbeitete als Lehrerin in einer allgemeinbildenden Schule. „Wir gehörten zur Bildungselite der evangelischen Kirche der DDR in Berlin", sagt er rückblickend. „Als Sohn eines Professors, der nicht in der Partei aber dafür in der Kirche engagiert war, hatte ich null Chancen, auf dem normalen Weg Abitur zu machen." Für ihn sei „das keine Tragödie gewesen. Es gab andere Wege. Ich hatte zwar kein spektakuläres Bekehrungserlebnis, aber weil ich von klein auf in der Kirche zu Hause war, entschied ich mich, Theologie zu studieren."

▲ Frater Aloysius, Pater Simeon, Pfarrer Ansgar Florian, Pfarrer Martin Groß, Pater Kilian, Pater Philemon vor dem Eingang der evangelischen Kirche zum Heiligen Kreuz in Neuzelle

Ausmusterung, Lehre als Melker, Theologisches Seminar

Um seine Pflichtzeit beim Militär, der Nationalen Volksarmee (NVA), kam er aus gesundheitlichen Gründen herum: „Ich bin ausgemustert worden. Als ich vor der Musterungskommission stand, saßen da fünf oder sechs Offiziere. Tief betroffen rang der Oberstleutnant um Worte, als er mir nun diese traurige Nachricht übermitteln musste, dass ich leider fürs Militär nicht in Frage komme", sagt er ironisch. „Für diese Menschen war die NVA ihr Leben, die konnten sich nichts Tolleres vorstellen. Sie haben mir dann empfohlen, das mit doppelten Leistungen in der sozialistischen Produktion wieder wettzumachen", sagt er laut lachend. Und so begann er eine Lehre in der Landwirtschaft. „Das hieß damals Zootechniker-Mechanisator/Fachrichtung Milchproduktion, zu Deutsch: Melker." Aber lange blieb er dort nicht und machte kurz nach seinem 19. Geburtstag ein diakonisches Jahr im Oberlinhaus in Potsdam, was mit dem heutigen Freiwilligen Sozialen Jahr vergleichbar ist. „Dort habe ich ein Jahr lang mit körperbehinderten Menschen zusammengearbeitet." Einige seiner Freunde dort studierten Theologie und schwärmten „von der tollen Gemeinschaft und da habe ich mir gesagt: probierst es und bewirbst dich" ... und wurde, womit er gar nicht rechnete, angenommen. An den theologischen Hochschulen Ostdeutschlands waren die Studienplätze sehr begehrt. „Es gab immer mehr Bewerber, was sicherlich nicht damit zusammenhing, dass alle Pfarrer werden wollten, sondern weil dort ein Ort des freien Denkens war."

Im theologischen Seminar in Leipzig erwarb er die Hochschulreife und studierte dort evangelische Theologie bis 1986. Schwer waren die ersten Jahre, vor allem wegen der Sprachen Latein, Hebräisch und Griechisch. Viele seiner Kommilitonen kamen aus der „Schwerter zu Pflugscharen"-Bewegung, andere interessierten sich stark für philosophi-

▲ Die schwörende Hand – Türmedaillon des Klosters Heiligenkreuz in Österreich über der alten Pforte

sche Themen und seien vom „Existenzialismus erschüttert gewesen. Diese Gruppe stand im Kontrast zu denen, die aus dem Erzgebirge kamen und eher aus der Frömmigkeit heraus studierten und evangelikal eingestellt waren. Da flogen manchmal auch die Fetzen. Das war eine ausgesprochen spannende Zeit, die es heute nach meinem Empfinden so nicht mehr gibt." Zu seinen Bekannten und damaligen Kommilitonen gehörte der ehemalige brandenburgische SPD-Politiker Steffen Reiche, der erst Gemeindepfarrer war und dann nach der Wende in die Politik ging. „Steffen Reiche, der sich auch viele Verdienste um Neuzelle erworben hat, ist ja nun wieder Pfarrer, ihm begegne ich immer einmal wieder."

Familie, Studium, Vikariat

Seine Frau lernte er noch während des Studiums kennen. Sie studierte Medizin „und hat im Studium drei Kinder bekommen. Mit 27 Jahren schloss sie ihr Studium ab – das ist heute fast unvorstellbar. Junge Akademiker kreisen viel um sich selbst. Alles muss stimmen und Schwangerschaften werden oft wie Krankheiten behandelt", bedauert er die Gegenwart. Seine erste Tochter wurde 1985, die zweite 1987 und der erste Sohn 1988 geboren „und dann haben wir noch einen 96er – insgesamt vier Kinder und sieben Enkel, wo ich manches Mal nicht mehr richtig weiß, wann wer Geburtstag hat", gibt er offen zu. Mittlerweile lebt er von seiner Frau getrennt.

Dem Studium folgte das Vikariat an der Marktkirche in Halle an der Saale. „Das Vikariat ist die Zeit zwischen dem ersten theologischen und dem zweiten theologischen Examen, wo man in einer Gemeinde einem Pfarrer zugeordnet ist und pfarrdienstliche Arbeiten macht. Dann kommt die Entsendungszeit und erst dann konnte man sich auf eine Pfarrstelle bewerben. Im Idealfall war man zehn Jahre nach Studienbeginn Pfarrer einer Gemeinde."

Montagsdemos und Proteste

In Halle und Leipzig erlebte Martin Groß die ersten Montagsdemonstrationen, später die Straßenproteste in der untergehenden DDR, und alle befürchteten das Schlimmste. „Nicht nur im Krankenhaus meiner Frau haben sie mit massenhaft verletzten Menschen gerechnet. Die Gottesdienste in der Hallenser Marktkirche waren danach voller Ausreisewilliger, die mit ihren weißen Bändern vorher durch die Straßen gezogen waren. Alle Kirchen waren rappelvoll, das war Bestandteil des Protestes gegen das DDR-Regime."

„Als Vikar war ich sehr gern in der lebendigen Gemeinde der Marktkirche in Halle. Aber leider war es so, dass unsere Kinder durch die schlechte Luft nicht mehr gesund wurden." Als die jungen Eltern mit dem Kinderwagen auf die Straße gingen, „fielen schwarze Rußpartikel auf die weißen Decken des Babywagens und unsere Kinder hatte immerzu Pseudokrupp. Es war apokalyptisch: die ganze Chemie, so dass die Flüsse tot waren und immer diese schlechte Luft durch die Verbrennung der Braunkohle. Das kann sich heute kein Mensch mehr vorstellen." Er ärgert sich immer wieder, wenn seine Zeitgenossen so höhnisch von den angeblichen blühenden Landschaften Helmut Kohls sprechen. „Es hat sich so unglaublich viel zum Guten verändert. In Halle konnte man teilweise nicht mehr atmen. Mittlerweile sind die Flüsse wieder sauber und einige Menschen schwimmen sogar in der Saale."

▲ Christus mit Wundmalen – Konsole im Kreuzgang des Klosters Neuzelle

Dorfpfarrer in der Prignitz

Aber Ende der 80er Jahre hatten sich Martin Groß und seine Frau gesagt: „Wir müssen irgendwohin, wo man gesünder atmen kann", und dann erhielt er eine Pfarrstelle mit riesigem Pfarrhaus in Rosenhagen, einem Ortsteil von Perleberg in der Prignitz. „Keiner wollte dorthin, wo ich Ende 1988 sechs Dörfer mit 440 Gemeindegliedern zu betreuen hatte. Heute habe ich in Neuzelle 15 Dörfer, sieben Predigtstätten, 1000 Gemeindeglieder und die ganz besondere Situation mit dem Kloster, die ein Mehr an Arbeit mit sich bringt."

In seinen „einstigen sozialistischen Dörfern mit ihren 100 bis 200 Einwohnern" hielt sich die Oppositionsbewegung in Grenzen. „Da einen runden Tisch einzuberufen, wäre ein bisschen komisch gewesen. Meine Öffentlichkeit war damals meine Gemeinde", sagt Martin Groß. „Die ganze DDR-Kirche existierte wirtschaftlich auch, weil die Westkirche sie subventionierte. Die Kirche war für den DDR-Staat auch ein Devisenbringer, denn als DDR-Pfarrer hat man ein Monatsgehalt in Westgeld bekommen. Das haben viele Pfarrer dann eins zu vier umgetauscht", um das auch für DDR-Verhältnisse bescheidene Gehalt aufzubessern.

▲ Lichtkuppel in der Vierung der Heilig-Kreuz-Kirche Neuzelle

15 Jahre war Martin Groß mit seiner Familie Dorfpfarrer in der Prignitz. „Es gibt ja die Redewendung: Der Pfarrer soll gehen, solange die Gemeinde noch traurig darüber ist, und da fiel mir 2003 eine Stellenausschreibung in Cottbus als Gefängnisseelsorger auf. Eigentlich wollte ich nur schauen, aber der Landespfarrer fasste das gleich als Bewerbung auf ..."

Gefängnisseelsorger in Cottbus und Landespfarrer

Es gab im Anschluss einen „tränenreichen Abschied. Für mich war das eine krasse Umstellung: Vom herrschaftlichen Pfarrhaus mit großem Park, Garten und Tieren nun plötzlich in ein vergittertes Büro mit Betonwänden, acht Quadratmeter groß ... es war halt ein Gefängnis, neu gebaut für 600 Gefangene am Rande von Cottbus auf dem Gebiet einer ehemaligen russischen Kaserne. Aber für unsere Kinder war es mit den neuen Schul- und Freizeitmöglichkeiten schöner als auf dem Land." In Bielefeld machte er über zwei Jahre eine Zusatzausbildung für Gefängnisseelsorger.

Im Knast lernte er viele unterschiedliche Menschen kennen: „vom Taschendieb über den Schwarzfahrer bis zum Doppelmörder, vom Pädophilen, ‚dem Sittich', wie die Gefangenen immer gesagt haben, bis zum Steuerbetrüger und den vielen Körperverletzern. Der größte Teil dort sind einfache, dissoziale Menschen mit banalen, teils tragischen Geschichten. Das Gefängnis ist ein Karussell. Viele, die einmal drin waren, kommen wieder", stellt er nüchtern fest. Als Seelsorger wollte er nie Ratschläge geben und nicht belehren. Sein Motto war immer: „Du kriegst mein Ohr – aber dein Problem musst du selbst lösen. Jesus Christus hat zu dem Gelähmten gesagt: ‚Steh auf, nimm dein Bett und geh'. Er

▶ Am 200. Geburtstag der evangelischen Kirche in Neuzelle Anfang Januar 2018 steht Pfarrer Martin Groß vor seiner Gemeinde im Mittelschiff seiner Kirche

hat nicht gesagt: Darf ich dein Bett aufheben? Darf ich dir hochhelfen? Darf ich dich die ersten Schritte tragen? ..." Wichtig war ihm, als Gefängnisseelsorger immer das Nähe-Distanz-Problem richtig auszubalancieren, gelungen ist ihm das nicht immer.

Später wurde Martin Groß Landespfarrer: „Ich kenne im Grunde genommen alle Gefängnisse Berlins und Brandenburgs von innen. Das Gefängnis ist auch ein Schlangennest, und wenn man sich im Gefängnis bewegt, dann weiß man, dass man von einer Schlange gebissen werden kann. Die Gefangenen, die Bediensteten und die Pfarrer werden gebissen. Manchmal kommen die Schlangen aus Löchern, wo man es überhaupt nicht erwartet hat. Mich hat eine Schlange gebissen. Ich habe mich von dem Schlangenbiss erholt, aber zum Erholungsprozess gehörte, dass ich das Gefängnis verlassen habe und 2015 eine neue Aufgabe suchte."

▲ Kirchenvorplatz mit Mönchen in Heiligenkreuz

Gemeindepfarrer in Neuzelle und die neuen Mönche

Nach 13 Jahren in der Gefängnisseelsorge wurde Pfarrer Martin Groß Nachbar des katholischen Pfarrers Ansgar Florian in Neuzelle. Die beiden Geistlichen der verschiedenen Konfessionen haben ein gutes Verhältnis zueinander. Man trifft sich auch mal privat und isst hin und wieder gemeinsam. Pfarrer Groß ist ein stattlicher Mann mit klaren Worten. Er kann für fast alle Beteiligten nur Vorteile durch die Wiederbesiedelung des Klosters sehen: „Das ist ein Pfund, mit dem können die katholische Kirche, der Ort und die evangelische Kirche wuchern. Wir können alle was davon haben", sagt er mit Blick auf das Dreieck aus katholischer Kirche, dem weltanschaulich neutralen Gymnasium inklusive Musikschule sowie der evangelischen Kirche. Die Mönche haben ihm gegenüber zugesichert, dass das alles so erhalten bleibt. „Natürlich wird es eine Verschiebung des Gewichtes von kulturellen, denkmalpflegerischen Ansätzen hin zu einem spirituellen Zentrum geben. Das mögen einige bedauern, weil das auch etwas mit der Deutungshoheit über den Ort zu tun hat – ich find das gut! Die Zisterzienser vertreten einen Orden, der dieses Kloster hier schließlich gründete. Sie sind die, derentwegen diese ganze Geschichte hier überhaupt existiert."

Einmal kam eine Pastorin zu ihm und meinte, wie toll es sei, dass die Mönche wieder da sind und den gregorianischen Gesang pflegen. Könne sie da mitsingen? Martin Groß antwortete ihr mit ironischem Unterton: „Wenn ich hier jeden Tag dreieinhalb Stunden singe und das von Montag bis Sonntag, dann bin ich ‚hochtrainiert'. Natürlich kannst du da nicht mitsingen! Dann, so sagte sie, interessiere sie das doch nicht, und ging ihres Weges."

Im Spätsommer 2017 erhielten der evangelische Pfarrer und seine Gemeindekirchenräte eine Einladung ins Kloster Heiligenkreuz. Er schwärmt noch heute: „Dort sind wir auf Händen getragen worden und alle waren zutiefst beeindruckt." Wer so einen Tag monastisches Leben von morgens bis abends mitmacht, kann euphorisch werden. „Mich beeindruckt das Leben, das Mönche führen. Jeden Morgen von Montag bis Sonntag um fünf auf der Matte zu stehen und zu psalmodieren, das ist einfach toll." Er denkt dann darüber nach, was diese monastische Lebensführung mit einem Menschen macht und merkt, dass es auch eine Rückfrage an seine Glaubens- und Lebenspraxis und den allgegenwärtigen Aktionismus ist. „Unser gemeinsames Tun hier ist davon bestimmt, wann die nächste Gebetszeit ist. Wir haben uns zum Beispiel gestern zum gemeinsamen Mittagessen verabredet, also nach dem Mittagsgebet der Sext, zwanzig Minuten nach 12 Uhr. Aber um 13.30 Uhr ist die Non, und da müssen die Mönche schon wieder drüben in der Kirche sein. Es blieb nur ein kleines Zeitfenster, wo wir miteinander zu Mittag essen und uns unterhalten konnten. Ein anderes Mal trafen wir uns gegen zwei Uhr. Da hatten wir den Nachmittag Zeit für eine gemeinsame Unternehmung. Aber zehn vor sechs werden die Mönche nervös, weil sie spätestens in fünf Minuten rüber in die Kirche müssen, damit sie pünktlich um 18 Uhr die

▼ Pfarrer Martin Groß auf der Kanzel seiner Kirche

Vesper beten können. Sich diesem Rhythmus unterzuordnen und zu sagen, davon lasse ich mein Leben bestimmen, das finde ich faszinierend."

Pfarrer Martin Groß merkte schnell, dass die Anwesenheit der Mönche auch für ihn und seine Kirche ganz neue Möglichkeit bringt. „Natürlich sind die Mönche für die Ökumene eine riesige Chance. Wo wird schon Ökumene so stark praktiziert wie hier in Neuzelle? Am 500. Jahrestag des Reformationsbeginns hielt mit Pater Kilian wieder ein Zisterziensermönch in der evangelischen Leutekirche die Predigt und Pater Prior Simeon spielte dort die Orgel – und das, nachdem ihre Vorgänger vor 200 Jahren aus dem Kloster Neuzelle verjagt wurden. Der Reformationsgottesdienst am 31. Oktober 2017 war ein Versöhnungsgottesdienst, ein bedeutsamer Mosaikstein auf unserem gemeinsamen Weg, den wir miteinander gehen können und jeder kann ihn gehen in seiner Verschiedenheit vor dem anderen. Auf diesem Weg üben wir, einander in dieser Verschiedenheit immer neu anzunehmen und den anderen als einen eigenen Reichtum anzunehmen. Wir sind einander ein Geschenk Gottes."

Das Volk Gottes:
Markus Jonkisch, Dr. Dörte Fiedler, Thomas Pögel, Viola Schmidt und Stefan Fritsche

„Die St.-Florian-Stiftung ist eng verbunden mit der Historie der Zisterzienser hier in Neuzelle"

Markus Jonkisch, Geschäftsführer der St.-Florian-Stiftung

„Ist es nicht erstaunlich, dass wir hier in Neuzelle zwei Stiftungen haben? Einmal die Stiftung Stift Neuzelle und dann die St.-Florian-Stiftung – und beide haben im Prinzip die gleichen Wurzeln", stellt Markus Jonkisch fest. Denn die Mönche hätten hier nicht nur gebetet, „sondern sie waren auch aktiv in der Sozialfürsorge zum Beispiel mit der Unterhaltung eines Hospitals oder der Bildungsarbeit in der Klosterschule, der Volksschule und dem Gymnasium und dies nicht nur mit der Erteilung von Religionsunterricht für die katholischen Christen hier in der Region." Als das Kloster geschlossen wurde, übernahm der Ortspfarrer von Neuzelle die Verantwortung für die Sicherstellung des katholischen Religionsunterrichtes. Hier war Pfarrer Florian Birnbach sehr engagiert, der unter anderem eine „Waisen- und Kommunikantenanstalt" ins Leben rief und mit seinem Tod testamentarisch verfügte, dass persönliches und für diese Aufgabe gesammeltes Vermögen zweckgebunden weiterhin verwendet werden soll. Dieses Vermögen floss in die später gegründete Florian-Stiftung ein. Seither haben sich die Aufgaben der Stiftung den Bedingungen der jeweiligen Zeit angepasst und sie sieht laut ihrer Satzung ihren Zweck in

▼ Markus Jonkisch ist Diplomlehrer, Diplom-Sozialarbeiter und Sozialpädagoge und seit fünf Jahren der Geschäftsführer der St.-Florian-Stiftung

„der Betreuung und Förderung von Menschen mit Behinderungen jeglicher Art auf der Grundlage christlicher Liebestätigkeit".

Geboren wurde Markus Jonkisch 1962 in Görlitz, was man dem gut aufgelegten Sozialarbeiter nicht anhört. Vermutlich liegt es daran, dass er lange in Berlin lebte. Noch in der DDR begann er ein Medizinstudium an der Humboldt-Universität. Das vorzeitige Ende dieses Studiums stand nach seinen Angaben in engem Zusammenhang „mit der kritischen Auseinandersetzung mit dem bestehenden System." Drei Jahre war er dann Pflegehilfskraft in einem Altenheim. In der katholischen Studentengemeinde Berlins lernte er zu dieser Zeit auch seine Frau kennen. Sie arbeitet heute als Erzieherin in der katholischen Kindertagesstätte in Neuzelle. Beide haben zusammen vier Kinder. Später folgten dann einige Jahre als Heimleiter einer Kinder- und Jugendwohneinrichtung. Markus Jonkisch kann auf eine doppelte Ausbildung verweisen: Er ist ausgebildeter Diplomlehrer, Diplom-Sozialarbeiter und Sozialpädagoge „mit vielfältigen Vorerfahrungen im Gesundheitswesen".

Seine Tätigkeit in der St.-Florian-Stiftung begann Markus Jonkisch 1994 als Heimbereichsleiter. Davor arbeitete er in der Altenpflege sowie als Leiter einer Wohnstätte für verhaltensauffällige, straffällig gewordene Kinder und Jugendliche. „Als ich hier begann, galt es die bestehenden Betreuungsangebote für Menschen mit geistiger Behinderung in der Stiftung auszudifferenzieren. Wir suchten nach Möglichkeiten, die sich aus den veränderten gesetzlichen Bedingungen ergaben. Hier gab es wie überall auf dem Gebiet der ehemaligen DDR einen sehr hohen Nachholbedarf. Inzwischen kann die Stiftung mit den vielseitigen individuellen Förder- und Betreuungsangeboten in den unterschiedlichen Wohnformen besser auf die Bedürfnisse der betreuten Menschen mit Behinderungen oder Einschränkungen eingehen und geeignete Unterstützungen anbieten." Seit fünf Jahren ist Markus Jonkisch auch der Geschäftsführer in der St.-Florian-Stiftung. Als er 2017 mit allen Mitarbeitern das 140. Gründungsjubiläum der Stiftung feierte, blickte er „mit den Kindern, Jugendlichen und Erwachsenen voll Dankbarkeit und Freude auf die vergangenen Jahre der großen Veränderungen zurück".

Wer in die Geschichte der St.-Florian-Stiftung schaut, sieht den Wandel ihrer Aufgaben. „Erziehung und Bildung gehörten immer dazu, die Aufnahme von Flüchtlingen nach dem Zweiten Weltkrieg, es gab hier eine Haushaltschule, Urlaubsangebote in der DDR-Zeit für kinderreiche Familien, für Alleinstehende mit Kindern oder für behinderte Menschen." Aber den kommunistischen Machthabern war es im Osten Deutschlands gar nicht so recht, wenn sich die katholische Kirche in der Erziehungs- und Bildungsarbeit engagierte, „weil auch andere Ideale vermittelt wurden, die mit der Staatsideologie nicht immer im Einklang standen. Menschen mit geistiger Behinderung gehörten nicht

▲ Lageplan der St.-Florian-Stiftung

zu den Privilegierten. Somit wurde das Engagement der Kirchen in der Betreuung und Förderung von Menschen mit geistiger Behinderung toleriert - hier konnten die Kirchen nichts falsch machen." Nach der deutschen Wiedervereinigung und der Einführung des Bundessozialhilfegesetzes „erweiterten sich die Betreuungsangebote für diese Menschen und boten ganz neue Chancen und Fortschritte", resümiert Markus Jonkisch. „Nun war es möglich, die bisherige Förder- und Bildungsarbeit, die zu Zeiten der DDR in der Wohnstätte erfolgte, durch die Errichtung einer privaten Förderschule zu professionalisieren und qualitativ zu verbessern." Diese Förderschule wurde 2011 durch die in der Trägerschaft der Stiftung neu gegründete Grundschule „Pfarrer Florian Birnbach" abgelöst. Hier können nun Kinder mit und ohne Einschränkungen gemeinsam lernen.

▲ Engel als Kanzelträger in der Klosterkirche

Die kirchliche St.-Florian-Stiftung hat mit dem Caritas-Direktor, dem Ortspfarrer und einem Vertreter des Bischofs drei ehrenamtliche Vorstandsmitglieder. Die operative Arbeit – zu der die katholische Grundschule mit Förderklassen, die Wohnstätten für Kinder, Jugendliche und Erwachsene sowie die verschiedenen ambulanten und tagesstrukturierten Angebote in Eisenhüttenstadt und Guben für zirka 120 Menschen gehören – übernimmt der Geschäftsführer mit seinen 140 Mitarbeiterinnen und Mitarbeitern.

„Die St.-Florian-Stiftung ist eng verbunden mit der Historie der Zisterzienser hier in Neuzelle", sagt Markus Jonkisch und verweist auf eine Festschrift, die zum 125. Jubiläum der Stiftung gedruckt wurde, „und ich bin mir sicher, dass diese Verbindung auch zukünftig wieder wächst, wenn das Priorat errichtet wird. Dann werden die Mönche seelsorgerische und pfarramtliche Aufgaben übernehmen und damit auch im Vorstand der Stiftung vertreten sein. Das Leben der Mönche wirkt in die Kirchgemeinden hinein. Und da wir eng mit den Kirchengemeinden vor Ort auf verschiedenste Weise verbunden sind, wirkt dies automatisch auch in das Leben und Arbeiten hier in der Stiftung mit ihren Einrichtungen." So übernahmen die Mönche bereits Wochentagsgottesdienste in der Kapelle der St.-Florian-Stiftung.

Auch in der Vergangenheit war Ordensleben immer von Bedeutung für die Stiftung. „Über viele Jahre leisteten Ordensschwestern hier die Arbeit – anfangs war dies die Gemeinschaft der Grauen Schwestern von der hl. Elisabeth, die 1926 durch die Kongregation der Armen Schulschwestern von Unserer Lieben Frau abgelöst wurde. 1993 verließen dann die letzten Schulschwestern die Stiftung. Der Zisterzienserorden bringt nun eine

▲ „Himmlische Schwester" nannte sich lange ein Laden ganz in der Nähe des Klosters Neuzelle

neue geistliche Aufwertung für Neuzelle", ist sich Geschäftsführer Markus Jonkisch sicher, „denn ohne die Mönche gäbe es diesen Ort hier gar nicht. Bis zur heutigen Zeit leben vielen Menschen von den Dingen, welche die Mönche damals geschaffen haben." Für ihn ist der gegenwärtige Prozess vergleichbar mit dem historischen Ereignis der deutschen Wiedervereinigung. „Wir leben hier in einer Region, die stark durch Atheismus geprägt ist", sagt er mit Verweis auf Eisenhüttenstadt, die sozialistische Planstadt, die nur acht Kilometer von Neuzelle entfernt ist. „Auch wenn nicht mehr so viele Menschen katholisch sind wie früher, hoffen wir nicht nur für alle Christen, unabhängig ihrer Konfession, dass durch die Mönche geistliche Angebote für alle entstehen und innere Leere mit neuem Sinn gefüllt wird. Das Christliche kann für alle Menschen eine Hilfe sein, das eigene Leben zu gestalten – also Sinnorientierung nicht nur in Krisenfragen."

Die Mönche hat er bisher als sehr offen erlebt und die in lateinischer Sprache gesungenen Stundengebete seien für ihn „keine konservative Rückwärtsgewandtheit, sondern jahrhundertealter gepflegter Gesang zum Lobe Gottes". Markus Jonkisch ist sich sicher, dass die Mönche zukünftig wieder Glaubensstunden für die Bewohner in den verschiedenen Wohnbereichen anbieten und damit die neuen geistlichen Angebote auch für die der Stiftung anvertrauten Menschen besser erlebbar werden. Auch sieht er schon jetzt im Ort Neuzelle viele gute und neue Impulse für das weitere Wachsen von Ökumene und damit für das gemeinsame Gebet und Handeln von katholischen und evangelischen Christen.

„Die Mönche kamen und brachten eine andere Weite mit, was für Schule und Bildung immer gut ist"

Dr. Dörte Fiedler, Leiterin der katholischen Grundschule „Pfarrer Florian Birnbach"

„Im Zusammenhang mit der UN-Konvention für Menschen mit Behinderungen wurde ich 2009 gebeten, an der Umstrukturierung einer ehemaligen Förderschule in Neuzelle zu einer Schule für alle mitzuwirken", erzählt Dörte Fiedler. Promoviert hat sie an der Martin-Luther-Universität in Halle am Institut für Rehabilitationspädagogik mit Schwerpunkt Geistigbehindertenpädagogik und soziale Kompetenz. Etwa zwei Jahre habe der Wandlungsprozess vom Konzept bis zur staatlichen Genehmigung und praktischen Umsetzung für diese neue inklusive Schulform gedauert. Dabei sprach sie auch mit vielen Menschen in der Ortsgemeinde und den Eltern. Ein Jahr nach der Etablierung des Konzeptes übernahm Dörte Fiedler 2012 auch die Leitung der Schule. 2017 konnte die Schule auf eine 175-jährige Geschichte zurückschauen. Im Laufe der Zeit fanden immer wieder Wandlungen in den Bildungsangeboten statt. „Ab 1974 widmete man sich schließlich Kindern und Jugendlichen mit geistiger Behinderung", erzählt Dörte Fiedler. Nach dem Mauerfall erfolgte dann die staatliche Anerkennung als Förderschule für etwa 30 Kinder und Jugendliche mit geistiger Behinderung.

Heute gehen über 100 Schüler an die einzügige katholische Grundschule, „davon etwa 25 Prozent mit Behinderungen oder Handicaps, wie Autismus, Lernbehinderungen, geistigen Behinderungen, Sprachproblemen oder körperlich-motorischen Einschränkungen".

Dank des Umzugs der ersten Mönche aus dem Kloster Heiligenkreuz nach Neuzelle gab es auch für die katholische Grundschule eine neue Option, denn mit Pater Philemon war ein Zisterzienser in seiner markanten schwarz-weißen Ordenstracht als Religionslehrer von der ersten bis zur sechsten Klasse tätig. „Wir hatten vor seinem ersten Schultag schon einige Treffen und Gespräche. Er war bereits in der Vorbereitungswoche nach den Sommerferien aktiv dabei." Unter dem Thema „Du stellst meine Füße auf weiten Raum" hielt Pater Philemon am Schuljahresanfang in der Wallfahrtskirche den Gottesdienst, „denn für aktuell 108 Schülerinnen und Schüler ist unsere neue Schulkapelle einfach zu klein". Das Motto passte für die Christin Dörte Fiedler ideal, „die Mönche kamen und brachten eine andere Weite mit, was für Schule und Bildung immer gut ist". In den ersten Religionsstunden wurden Fußabdrücke mit den Kindern gemacht, die Pater Philemon mit ihnen dann in der Kirche auslegte – „damit hatten die Kinder auch eine optische Vorstellung davon, wie es ist, wenn die Füße mich ins Weite tragen".

Mit Spannung und Interesse schauten anfangs viele Eltern auf Pater Philemons Unterricht. Vor ihm war die Gemeindereferentin dafür zuständig. „Wir sind hier in der Diaspora, da muss man mit dem Thema Religion sensibel umgehen", sagt Dörte Fiedler. „Die Mönche sind offen für alle Menschen." Es sei hier in der Region besonders wichtig, „dass Christen im Sinne unseres Glaubens und im Namen von Jesus auf die Menschen zugehen". Einige anfänglich geäußerte Bedenken konnten schnell ausgeräumt werden. Aus Sicht von Dörte Fiedler sei es „doch spannend, etwas Historisches und Neues miteinander zu verbinden".

„Jetzt kommt ein anderer Geist mit in den Religionsunterricht"
Mütter und Schulkinder sind voll des Lobes für den Ordensbruder Pater Philemon als Lehrer

Die siebenjährige Judith aus der 2. Klasse erzählt, dass sie bei Pater Philemon die Geschichte von Joseph und seinen Brüdern im Unterricht besprochen haben. Milou aus der 6. Klasse berichtet, dass sie etwas über die katholischen Feiertage im Jahreskreis behandelten. Die neunjährige Luna geht in die 4. Klasse, in der sie einiges über die Kleidung, welche die Menschen zu Jesu Zeiten trugen, gelernt haben. „Auch Pater Philemon hat ein weiß-schwarzes Kleid an", ist ihr aufgefallen. Emanuel, der ebenfalls in die 4. Klasse geht, weiß schon einiges über die Zisterzienser, „die keine Frauen und Kinder haben, weil sie Mönche sind und nicht heiraten können". Mary aus der 5. Klasse berichtet über Matthäus, Markus, Lukas und Johannes, also die vier Evangelisten, welche Thema im Reli-Unterricht waren. Ihre Mitschülerin Sina findet den neuen Religionslehrer aus Österreich „sehr

▲ „Folgt die Cron der Seeligkeit",
kleines Fresko in der Vorhalle der
Klosterkirche Neuzelle

nett. Er erzählt immer schön ruhig und langsam"
und der Abt hätte „vier Mönche ausgesucht, damit sie hier das alte Kloster besiedeln. Ich finde
das eigentlich ganz cool, weil – ein Kloster ohne
Mönche, das ist blöd", sagt das Mädchen ohne
Umschweife. Die Kinder wissen auch, dass die
Mönche Latein sprechen und in der Kirche regelmäßig beten.

Jördis van der Jagd kommt wie schon ihre
Eltern aus Neuzelle. Sie und ihr Mann sind zwar
konfessionslos, aber ihre beiden Kinder gehen
an die katholische Schule: ihre jüngste Tochter
Emilia in die 1. und Joshua in die 3. Klasse. Das
Fach katholische Religion lobt sie: „Die Kinder
finden das wahnsinnig interessant und freuen
sich immer auf den Dienstag, den Tag, wo sie mit Pater Philemon Unterricht haben." Der
Zisterzienser hätte sich bei ihnen so vorgestellt: „Ich heiße Pater Philemon und ich liebe
Pizza." Jördis van der Jagd, für die nie eine andere Bildungseinrichtung für ihre Kinder
im Ort in Frage käme, schwärmt von der Schule, die immer die erste Wahl und die beste
Bildungseinrichtung hier in der Umgebung sei. „Wir haben eine Flasche Sekt aufgemacht,
als unsere Kinder damals angenommen wurden."

„Auch für uns war diese Schule absolut die erste Wahl. Das katholische Profil gab es
hier schon immer und ist mit den Mönchen nicht neu entstanden, aber meine Kinder haben das Gefühl, jetzt kommt ein anderer Geist mit in den Religionsunterricht", berichtet
die Katholikin Annika Baitis. Ihre Tochter geht in die 6. und ihr Sohn in die 2. Klasse.
„Für mich öffnet sich durch meine Kinder eine völlig neue Welt", betont Jördis van der
Jagd. „Ich kenne jetzt die Träume von Joseph und wer weiß, was ich noch alles lernen werde", sagt sie lachend. Die Mönche seien eine klare Bereicherung für den Ort, resümieren
beide Mütter abschließend.

„Die Mönche sind junge, moderne Leute – nicht altbacken – die bringen neuen Schwung mit!"

Thomas Pögel und Viola Schmidt vom Katholischen Kinderhaus St. Christophorus

In Sichtweite von der Schule treffen sich jeden Mittwoch die Kinder aller Gruppen der katholischen Kita zum Morgenkreis. Sie singen zusammen mit ihren Erzieherinnen und Erziehern, so wie an diesem Tag zur Begleitung auf der Gitarre von Thomas Pögel: „Wir sind die Kleinen in den Gemeinden, doch ohne uns geht gar nichts, ohne uns geht's schief..." Nach mehreren Strophen falten alle die Hände und sprechen ein gemeinsames Gebet: „Lieber Gott, wir sind hier – für den Morgen danken wir. Beschütze uns heute, unsere Eltern, unsere Geschwister, unsere Freunde und alle Leute ... Im Namen des Vaters und des Sohnes und des Heiligen Geistes. Amen." Dann bekreuzigen sich die zwei- bis sechsjährigen Mädchen und Buben. Bevor die Kerze von einem Vorschulkind ausgeblasen wird, geht es um ein saisonales Thema, wie im Herbst um einen Papierdrachen, der über abgemähte Felder fliegt. Dann folgt erneut ein passendes Lied dazu.

▼ Thomas Pögel ist Erzieher und stellvertretender Leiter des über 100 Jahre alten katholischen Kindergartens sowie Pfarrgemeinderatsvorsitzender der Katholischen Kirchengemeinde in Neuzelle

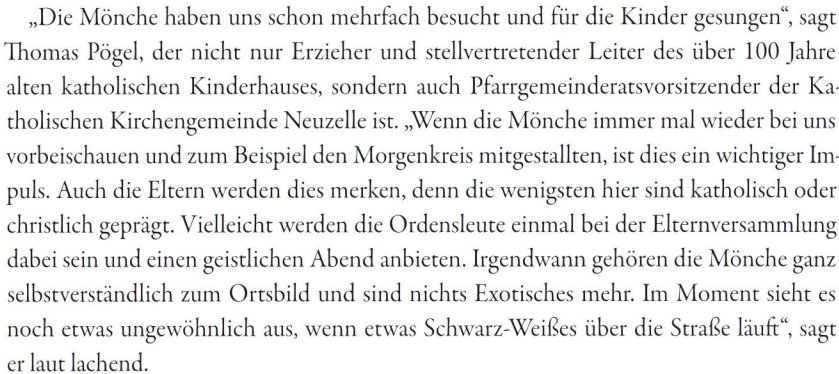

„Die Mönche haben uns schon mehrfach besucht und für die Kinder gesungen", sagt Thomas Pögel, der nicht nur Erzieher und stellvertretender Leiter des über 100 Jahre alten katholischen Kinderhauses, sondern auch Pfarrgemeinderatsvorsitzender der Katholischen Kirchengemeinde Neuzelle ist. „Wenn die Mönche immer mal wieder bei uns vorbeischauen und zum Beispiel den Morgenkreis mitgestallten, ist dies ein wichtiger Impuls. Auch die Eltern werden dies merken, denn die wenigsten hier sind katholisch oder christlich geprägt. Vielleicht werden die Ordensleute einmal bei der Elternversammlung dabei sein und einen geistlichen Abend anbieten. Irgendwann gehören die Mönche ganz selbstverständlich zum Ortsbild und sind nichts Exotisches mehr. Im Moment sieht es noch etwas ungewöhnlich aus, wenn etwas Schwarz-Weißes über die Straße läuft", sagt er laut lachend.

Thomas Pögel verantwortet in der Pfarrei auch die Jugendarbeit „und da wird es neue Wege mit den Zisterziensern geben. Die Mönche sind junge, moderne Leute – nicht altbacken – die bringen neuen Schwung mit! Kirchen werden geschlossen, Gemeinden zusammengelegt und hier mitten in der ostdeutschen Pampa wird etwas Großes aufgezogen." Den kritischen Stimmen hält er entgegen: „Niemand geht hier mit der Missionskeule durch die Gegend, so dass nun alles katholisch wird. Ohne die Kirchengemeinden gäbe es in Neuzelle auch nichts Touristisches mehr. Wenn katholische und evangelische Christen sich nicht in den letzten 200 Jahren um die Gebäude und die Struktur gekümmert hätten, wäre nur wenig da. Jetzt wird es wieder ein richtiges Kloster – das wird auch andere interessierte Menschen anziehen. Es ist spannend und etwas Neues und bringt Christen sowie historisch Interessierte in unseren Ort. Außerdem belebt es die lokale Wirtschaft, wie Restaurants, Pensionen oder kleinere Geschäfte."

Viola Schmidt ist seit zehn Jahren Leiterin des Katholischen Kinderhauses St. Christophorus, welches seinen Namen deshalb hat, weil hier auch einige Jahre Hortkinder betreut wurden. Sie selbst ging – ebenso wie ihre vier Kinder und heute schon ein Enkelkind – in diesen Kindergarten. Mit ihren neun pädagogischen Mitarbeitern kann die Kita fast 70 Kinder betreuen „und die Nachfrage ist groß", betont

▼ Viola Schmidt leitet seit zehn Jahren das Katholische Kinderhaus St. Christophorus in Neuzelle. Schon als Kind besuchte sie die Kita

Frau Schmidt, „bis Mitte 2019 sind wir ausgebucht", was sicher auch daran liegt, dass der nächste katholische Kindergarten erst im über 50 Kilometer entfernten Cottbus zu finden ist.

1904 wurde der Kindergarten im Haus des Florianstiftes gegründet. 1969 zogen sie in eine Holzbaracke, die auch als Erntekindergarten diente: Mutter und Vater waren auf den Feldern und die Kinder in dieser Zeit gut betreut. Bis 1993 gab es noch eine Ordensschwester als Leiterin der katholischen Kindereinrichtung. 2008 lief die Betriebserlaubnis für die Baracke aus, und so wurde ein Neubau mit Unterstützung des Bonifatiuswerkes gebaut, dessen zehnjährige Einweihung gerade gefeiert wurde. Violas Mann Hubertus ist nicht nur Hausmeister im Pfarrhaus, sondern als Allroundhandwerker ebenso für die Kita zuständig. „Manche denken, wir sind ein Familienbetrieb", meint Frau Schmidt schmunzelnd, „die kurzen Wege und einfachen Absprachen machen das Arbeiten hier sehr angenehm". Kirchliche Feste im Kindergarten wie Erntedank, St. Martin, die Advents- oder Fastenzeit werden von den Gemeindemitgliedern – natürlich ökumenisch – und vom Förderverein aktiv unterstützt. „Mein Mann liebt Pferde über alles. Er ist in seiner Heimat seit seiner Jugend im sorbischen Wittichenau Osterreiter und hier bei uns dann der heilige Martin. Wir beide machen unsere Arbeit hier sehr gern, mit viel Herzblut und ohne so ein tolles Team liefe es nicht halb so gut. Unser Haus ist nicht nur eine Bereicherung für unsere Pfarrgemeinde, sondern für alle Familien im Ort."

Immer mal wieder treffen die Kleinen bei ihren Spaziergängen um das Kloster oder über den Klosterplatz einige der Ordensmänner. So hat Pater Simeon im Laufe der letzten Wochen bei sich im Zimmer schon eine kleine Sammlung von Kinderzeichnungen angelegt, die ihm die Kinder von der Hummelgruppe schenkten.

▲ Hubertus Schmidt ist der Ehemann von Viola Schmidt. Er ist Allroundhandwerker und Hausmeister im Pfarrhaus und der katholischen Kita.

„Ein Geschenk des Himmels"

Stefan Fritsche, Geschäftsführer der Klosterbrauerei

„Mein Vater, der gut 40 Kilometer von Neuzelle entfernt auf dem heute polnischen Gebiet geboren wurde, entdeckte die Klosterbrauerei kurz nach der Wende und erwarb sie", erklärt Stefan Fritsche, einer der Brauerei-Geschäftsführer. Den „Schwarzen Abt", das etwas süßliche bekannteste Bier der Neuzeller Klosterbrauerei wollte ein Landwirtschaftsminister Brandenburgs verbieten lassen, weil es nicht nach dem deutschen Reinheitsgebot produziert wird. Die Klage ging über mehrere gerichtliche Instanzen bis zum Bundesverwaltungsgericht in Leipzig und sein Vater – Fritsche senior – bekam recht.

▲ Auf dem Petersplatz wurde eine Flasche Bier „Schwarzer Abt" von Papst Franziskus gesegnet. Stefan Fritsche taucht diese versiegelte Kostbarkeit in den Sud.

„Als wir diesen Kampf gewonnen und damit die höchste Segnung eines weltlichen Richters hatten, machten wir uns auf den Weg nach Rom, um dort die Weihen von Papst Franziskus für unser Bier zu erhalten." Auf dem Petersplatz wurde eine Flasche Bier aus Neuzelle vom Pontifex gesegnet. Diese Flasche „Schwarzer Abt" ist heute versiegelt und wird im Brauprozess regelmäßig in den Sud hineingetaucht.

Für den in Westberlin geborenen Stefan Fritsche, einen ehemaligen Unternehmensberater und Vater von vier Kindern, „war es eine große Herausforderung, von der Hauptstadt hier auf das Dorf zu ziehen – aber ich habe diesen Schritt nie bereut". Mittlerweile hat der mittelständische Brauereiunternehmer 44 Mitarbeiter, die jährlich 44 Sorten mit 35 000 Hektoliter Bier produzieren. „Für uns war es ein Geschenk des Himmels, als wir erfahren haben, dass sich Zisterzienser hier im Kloster wieder ansiedeln möchten. Als Brauer haben wir sie mit offenen und weiten Armen empfangen. Was wir für den Erfolg der Wiederbesiedelung tun können, machen wir gern." Schon früher hätten Stefan Fritsche und seine Mitarbeiter auf einem Teil der Etiketten der etwa sieben Millionen Flaschen, die jährlich in den Handel gehen, die Klosteranlage und das „Himmlische Theater" auf eigene Kosten beworben. „Nun wurde eine Sonderedition ‚2017' – der Beginn der Wiederbesiedelung des Klosters produziert". 20 Cent gehen von jeder verkauften Flasche an das Bonifatiuswerk, welches es wiederum in die Gründung des lebendigen Klosters investiert. „Wie die Mönche denken auch wir in Generationen und so wie ich sie erlebt habe, wirken sie bei den aktuellen Herausforderungen hier relativ entspannt. Das macht sie sehr sympathisch", sagt Stefan Fritsche, dem christliche Werte nach eigener Aussage im Unternehmen sehr wichtig sind. Von der Politik erwartet er Unterstützung für die Mönche hier vor Ort, „denn so ein bisschen schwanger, das geht nicht". Und mit seiner klaren Hoffnung dürfte er nicht allein dastehen, wenn er zum Abschied sagt: „So eine Klosteranlage dürstet danach, dass nach den ersten vier bald noch weitere Mönche folgen!"

▲ Betender Engel vom Hochaltar in Neuzelle

Glossar
Klosterbegriffe von A bis Z

Abt

Der Abt (spätlat. abbas, aus hebr. abba = Vater) ist der Vorsteher und geistliche Leiter eines Klosters. Äbte werden meist auf Lebenszeit oder bis zum 70. oder 75. Lebensjahr gewählt. Aktuell gibt es aber einen Trend zur Begrenzung der Amtszeit – z. B. auf sechs oder zwölf Jahre. Ein Abt eines selbstständigen Klosters hat umfassende Führungs- und Leitungsvollmachten. Als Zeichen seiner Würde trägt er die Pontifikalien, also Brustkreuz, Stab, Mitra und Ring.

Abtei

Eine Abtei ist ein Kloster unter der Leitung eines Abtes bzw. einer Äbtissin.

Benedikt

Benedikt von Nursia (geb. um 480 in Nursia, gest. am 21. März 547 im Kloster Montecassino) ist der Begründer des abendländischen christlichen Mönchtums.

Benediktsregel

Die Benediktsregel (lat. Regula Benedicti, RB) geht auf Benedikt von Nursia (6. Jh. n. Chr.) zurück. Sie ist die im Benediktinerorden und seinen Zweigen, wie etwa Zisterzienser, gültige Ordensregel. Die Benediktsregel besteht aus einem Prolog und 73 Kapiteln.

Carta Caritatis

Die „Charta der Liebe" ist die Ordensverfassung der frühen Zisterzienser. Sie wurde 1119 von Papst Calixt II. bestätigt. Ihr Gerüst schuf der dritte Abt von Cîteaux, Stephan Harding, unter Zugrundelegung der Benediktsregel. Die Beziehung der Zisterzienserklöster untereinander wird beschrieben als ein Leben „in einer Liebe, unter einer Regel und mit gleichen Gewohnheiten" (lat. una caritate, una regula, similibusque vivamus moribus).

Chorgebet

Das Chorgebet ist die tägliche gemeinsame Verrichtung des Stundengebets im Chor der Klosterkirche. Das mehrmals täglich zu festen Zeiten gesungene oder rezitierte Chorgebet ist charakteristisch für die benediktinischen Ordensgemeinschaften. Es ist das bestimmende Strukturelement im monastischen Tagesablauf.

Dormitorium

Das Dormitorium, auch Dormént (lat. Schlafraum, von dormire = schlafen) genannt, bezeichnet in mittelalterlichen Klöstern den gemeinsamen Schlafsaal der Mönche. Seit dem 9. Jh. ist der Begriff Dormitorium gebräuchlich. So empfiehlt bereits die Benediktsregel in Kapitel 22 zur Nachtruhe der Mönche: „Alle schlafen wenn möglich in einem Raum." Nur der Abt hatte Anspruch auf ein eigenes Zimmer. Seit dem Spätmittelalter wurde das Dormitorium in Einzelzellen aufgeteilt.

Einkleidung

In katholischen Ordensgemeinschaften ist das die meist feierliche Übergabe des Ordensgewands an ein neues Ordensmitglied. Die Einkleidung erfolgt in der Regel bei der Aufnahme in das Noviziat. Mit der Einkleidung erhalten die Novizen auch ihren neuen Ordensnamen.

Eucharistie

Die Eucharistie (Danksagung) – ein anderer Name für heilige Messe, Herrenmahl, Brechen des Brotes, heiliges Opfer, Kommunion, Altarsakrament, heilige oder göttliche Liturgie – ist Quelle und Höhepunkt des christlichen Lebens. Die liturgische Feier der Eucharistie ist das Opfer des Leibes und des Blutes Christi. Jesus hat dieses Sakrament beim letzten Abendmahl eingesetzt, damit das Gedächtnis seines Todes am Kreuz und seiner Auferstehung in der Kirche bis zu seiner Wiederkunft fortdauert.

Exerzitien

Die Exerzitien sind geistliche Übungen, die der hl. Ignatius von Loyola als intensive Zeit der inneren Einkehr und der Besinnung in Schweigen und Gebet seinem Orden vorgeschrieben hat. Die Jesuiten verbreiteten diese Übungen in der gesamten Kirche.

Gelübde

Das Ordensgelübde ist ein öffentlich Gott gemachtes Versprechen, auf eine begrenzte Zeit oder lebenslang nach den Grundprinzipien der konkreten Ordensgemeinschaft leben zu wollen. Wesentlicher Inhalt sind die sogenannten „Räte des Evangeliums": ehelose Keuschheit, Armut und Gehorsam.

Horen

Die kleinen Horen (von lat. horae = Stunden). Alle drei Horen haben die gleiche Einteilung: Hymnus, drei Psalmen, Kurzlesung, Wechselgesang und Schlussgebete.
Terz (lat. tertia = die dritte [Stunde]) Gebet zur dritten Stunde des Tages,
Sext (lat. sexta = die sechste [Stunde]) Gebet zur sechsten Stunde des Tages,
Non (lat. nona = die neunte [Stunde]) Gebet zur neunten Stunde des Tages.

Jahreskreis

Der Jahreskreis bezeichnet die jahreszyklische Abfolge der Sonntage und religiöser Feste des Kirchenjahres. Dazu zählen der Osterfestkreis sowie der Weihnachtsfestkreis.

Kapitel

Der Kapitelsaal ist in Klöstern der Versammlungsraum der Mönche oder Nonnen. Er dient der täglichen Versammlung der Mönchsgemeinschaft zur Beratung der gemeinsamen Angelegenheiten und geistlichen Ansprachen und Lesungen. Der Name kommt daher, dass bei jeder Zusammenkunft ein Kapitel aus der Heiligen Schrift oder der Ordensregel vorgelesen wird.

Klausur

Eine Klausur (lat. claudere = abschließen, clausura = Verschluss) ist der eigentliche Lebensraum von Nonnen und Mönchen im Kloster. Die Klausur ist normalerweise für Gäste und Außenstehende nicht betretbar. Zur Klausur zählen der Kapitelsaal, das Refektorium, das Dormitorium mit den Zellen der Einzelnen sowie der Kreuzgang.

Komplet

Von lat. complere = erfüllen, vollenden. Die Komplet, auch Schlussandacht, ist die letzte Gebetsstunde, das Gebet zur Nacht.

Kongregation

Eine Kongregation ist eine religiöse Genossenschaft mit Gelübden. Sie ist bischöflichen oder päpstlichen Rechts, steht aber unter der Aufsicht des Ortsbischofs. Frauenorden, die karitativ oder in der Bildung tätig sind, bilden meist Kongregationen. Im Zisterzienserorden ist eine Kongregation ein Zusammenschluss mehrerer Klöster innerhalb des Ordens; das Stift Heilgenkreuz gehört beispielsweise zur Österreichischen Zisterzienserkongregation.

Konvent

Als Konvent (von lat. conventus = Zusammenkunft) bezeichnet man eine Gemeinschaft von Ordensleuten, die zusammen leben und arbeiten.

Kreuzgang

Der Kreuzgang ist ein meist aus vier Bogenhallen bestehender und den Klosterhof umschließenden Gang, der die Kloster- oder Stiftskirche mit den sogenannten Regularräumen (Klausur) verbindet.

Laie

Laienmönche oder Laienbrüder sind Angehörige von Männerorden, welche keine Kleriker, also nicht zum Priester oder Diakon geweiht sind. Sie arbeiten entweder in den gelernten praktischen Berufen oder verrichten andere Dienste in der Gemeinschaft.

Laudes

Von lat. laudes matutinae = das Morgenlob. Die Laudes bilden mit der Vesper die Angelpunkte des Stundengebets, sie stellen das eigentliche Morgengebet dar. Die Laudes bestehen aus zwei Psalmen und dem Canticum, dazu ein Lobpsalm, eine Lesung, Wechselgesang, Hymnus und Lobgesang des Zacharias; danach folgen die Bitten, das Vaterunser und das Schlussgebet.

Liturgie

Als Liturgie (öffentlicher Dienst) wird die Ordnung und Gesamtheit der religiösen Zeremonien und Riten des christlichen Gottesdienstes bezeichnet.

Monastisch

Der Begriff monastisch heißt: einer mönchischen Lebensform entsprechend.

Mönch

Der Begriff Mönch (von kirchenlat. monachus = Einsiedler und griech. monos = allein) bezeichnet Mitglieder eines Mönchsordens oder monastischen Ordens.

Non ▸ Siehe Horen.

Noviziat

Das Noviziat (lat. novus = neu) ist die Probezeit und Einführungszeit eines neuen Ordensmitglieds, des Novizen. Am Anfang des Noviziates steht meist eine Aufnahmefeier. Nach den Bestimmungen des Kirchenrechts muss das Noviziat mindestens ein Jahr dauern.

Ora et labora

Das Ora et labora (deutsch = Bete und arbeite) bezeichnet einen Grundsatz aus der Tradition der Benediktiner. Es bedeutet, dass der Weg zu Glaube und Gott letztlich nur über das regelmäßige Gebet und Arbeit führt.

Orden

Eine Ordensgemeinschaft (auch Orden, von lat. ordo = Ordnung, Stand) ist eine Lebensgemeinschaft von Männern oder Frauen, die durch eine Ordensregel und das Ordensgelübde an ihre Lebensform gebunden sind, und ein spirituelles Leben in der Gemeinschaft, wie in einem Kloster, führen.

Ordensregel

Eine Ordensregel normiert die Lebensweise eines Ordens gemäß dem Geist des Evangeliums. Meist geht sie auf einen heiligen Gründer zurück, z. B. Basilius, Augustinus, Benedikt. Durch Konstitutionen oder Satzungen wird sie der jeweiligen Zeit angepasst.

Prior

Der Prior ist in monastischen Orden der Vertreter des Abtes oder der Vorsteher eines Klosters, wenn dieses keine Abtei ist.

Priorat

Ein Priorat ist ein Kloster, welches keine Abtei ist, weil zum Beispiel die rechtlichen Voraussetzungen zur Erhebung in den Stand einer Abtei nicht gegeben sind, etwa wegen einer zu geringen Anzahl an Mitgliedern.

Profess

Eine Profess (lat. professio = Bekenntnis) bezeichnet die öffentliche Ablegung der Gelübde. Der Weg zur Profess vollzieht sich in drei Stufen: Noviziat, zeitliche Profess und ewige bzw. feierliche Profess, mit der sich das Ordensmitglied für immer an sein Kloster oder seine Gemeinschaft bindet.

Refektorium

Das Refektorium (lat. reficere = wiederherstellen) ist der Speisesaal in einem Kloster.

Sext

Siehe Horen.

Stabilitas loci

Jeder zisterziensische (und benediktinische) Mönch verspricht in seiner Profess die „Beständigkeit des Ortes", d. h. die Bindung an Gemeinschaft und Ort. Sie zählt zusammen mit dem Gehorsam (lat. oboedientia) und dem klösterlichem Lebenswandel (lat. conversatio morum) zu den Mönchsgelübden, die auf die Benediktsregel zurückgehen.

Spiritualität

Die Spiritualität ist die Art und Weise bzw. der persönliche Stil, wie man seinen Glauben lebt. Dies ist zwar bei jedem Menschen anders, doch kann man hier gemeinsame Richtungen feststellen, die man als Spiritualitätsgruppen bezeichnet.

Terz

Siehe Horen.

Vesper

Die Vesper (lat. vespera = abends, Abendzeit) ist der liturgische Abendgottesdienst, also einer der ältesten und wichtigsten Teile des Stundengebets. Die Vesper dankt für den endenden Tag und für die empfangenen Heilstaten Gottes. Die Vesper hat denselben Aufbau wie die Laudes; ihr Höhepunkt ist das „Magnificat", das Danklied Marias aus dem Lukasevangelium 1,46-55.

Vigilien

Die Vigilien (lat. vigilia = Nachtwachen) bezeichnen das Gebet in der Nacht, welches schon im Alten Testament (Psalm 119,62) verrichtet wird. Die Vigilien enden bei Sonnenaufgang mit dem Lobpreis, der zunächst Matutin heißt. Aus ihm entwickelt sich die Laudes. Seit dem 12. Jh. werden die Vigilien in den frühen Morgenstunden gebetet.

Zisterzienser

Die Zisterzienser (lat. Ordo Cisterciensis, OCist) sind ein Mönchsorden, der aus den Benediktinern hervorgegangen ist. Ursprungskloster und Namensgeber der Zisterzienser ist das 1098 von Robert von Molesme und etwa zwanzig weiteren Mönchen der Abtei Molesme gegründete Kloster Cîteaux (lat. Cistercium).

Zölibat

Der Zölibat (lat. coelibatus, von coelebs = unvermählt) ist die vom Mönch oder katholischen Priester freiwillig übernommene Verpflichtung, die Keuschheit in Form der lebenslangen Ehelosigkeit um des Himmelreiches willen zu bewahren.

Quelle: Zisterzienserabteien Wettingen-Mehrerau und Heiligenkreuz

Literaturliste und Links

Neuzelle: Festschrift zum Jubiläum der Klostergründung vor 700 Jahren 1268-1968. Hrsg. von Joachim Fait und Joachim Fritz, St. Benno-Verlag, Leipzig 1968

Kloster Neuzelle. Ernst Badstübner, Deutscher Kunstverlag, München 1985

Sein Grab wird herrlich seijn. Das heilige Grab von Neuzelle und seine Passionsdarstellungen von 1751. Ausstellungskatalog. Hrsg. von Walter Ederer und Klaus Reinecke. Verlag Schnell und Steiner, Regensburg 1998

Alle Brandenburger Zisterzienserklöster. Eine kulturhistorische Wanderung. Hrsg. Gisela Gooß und Jacqueline Hennig, Ed. Barnim im Marianne-Verlag, Berlin 1998

Zistercienserabtei Neuzelle. Winfried Töpler, Karl Robert Langewiesche Nachfolger Hans Köster Verlagsbuchhandlung KG, Königstein im Taunus 2003

Die Zisterzienser und ihre Klöster in Brandenburg. Hrsg. von H. Jürgen Feuerstake und Oliver H. Schmidt, Lukas Verlag für Kunst- und Geistesgeschichte, Berlin 2005

Kloster Neuzelle. Winfried Töpler, Reihe Kleine Kunstführer Verlag Schnell & Steiner, Regensburg 2012

Kloster Neuzelle. Walter Ederer, Dirk Schumann, DKV-Edition, Deutscher Kunstverlag, Berlin, München 2012

Kirchen und Klöster der Zisterzienser – Das evangelische Erbe in ökumenischer Nachbarschaft in Deutschland, Österreich und der Schweiz. Hrsg. Paul Geißendörfer, Kunstverlag Josef Fink, Lindenberg 2016

Der bilderreiche Klosterführer durch das Stift Heiligenkreuz im Wienerwald. Pater Karl Josef Wallner, Be&Be Verlag, Heiligenkreuz 2017

Die Zisterzienser – Das Europa der Klöster. Begleitbuch zur Ausstellung des LVR Landesmuseum, Konrad Theiss Verlag, Bonn 2017/2018

Zisterziensisches Leben in Kloster Neuzelle: www.neustart. zisterzienserkloster-neuzelle.de/

Stiftung Stift Neuzelle: www.stift-neuzelle.de
http://mediathek.rbb-online.de/tv/Die-rbb-Reporter/Die-Mönche-kommen/rbb-Fernsehen/Video?bcastId=1626933 6&documentId=46918182

SWR2 Glauben 2017 Feature „Gegen den Trend: „Das ostdeutsche Kloster Neuzelle wird neubesiedelt"
http://docplayer.org/49197570-Swr2-glauben-gegen-den-trend-das-ostdeutsche-kloster-neuzelle-wird-neu-besiedelt-von-rocco-thiede.html

Deutschlandfunk 2017 „Sonntagsspaziergang": http://www.deutschlandfunk.de/kloster-neuzelle-und-das-schlaubetal-durch-das-land-der.1242.de.html?dram:article_id=394422

Über den Autor Rocco Thiede

Der studierte Kunsthistoriker war in den 90er Jahren Gast der Deutschen Akademie Villa Massimo und Stipendiat der Lemmermann Foundation in Rom und baute in der italienischen Hauptstadt ein unabhängiges Journalistenbüro auf. Als Korrespondent und Reporter arbeitete er in dieser Zeit für Nachrichtenagenturen wie die dpa, Tageszeitungen, z. B. den Berliner Tagesspiegel, die Braunschweiger Zeitung, die Leipziger Volkszeitung, ebenso für den L'Osservatore Romano oder Radio Vatikan sowie für den ARD-Rundfunk. Nach einem Volontariat an der Axel-Springer-Journalistenschule in Hamburg und Berlin war Rocco Thiede Redakteur für DIE WELT und im Anschluss für den TV-Sender SAT.1 bis 2001 im Nachrichtenbereich tätig. Es folgten vier Jahre bei der Bertelsmann AG in Gütersloh als Pressesprecher. Anschließend war er im Führungskreis der Bertelsmann Stiftung für den Bereich „Familie und Arbeitswelt" tätig. Nach der Rückkehr in die deutsche Hauptstadt 2009 eröffnete der Autor, Fotograf und Publizist das inhabergeführte Medienbüro MRT, wo er als Journalist für den Hörfunk (u. a. Deutschlandfunk, SWR, WDR, BR, NDR, RBB, MDR), Nachrichtenagenturen (KNA) und Zeitungen arbeitet.

Als Herausgeber und Autor von mittlerweile zehn Sachbüchern, die sich familien- und gesellschaftspolitischen Themen widmen, konzipierte und verantwortete er „Die Unmöglichen" (Diana Verlag 2006) und „Powerpaare" (Heyne Verlag 2008) – zwei Reportage-Bände zur Vereinbarkeit von Familie und Beruf. Als Herausgeber und Autor folgten 2012 zusammen mit der damaligen ZEIT-Journalistin Elisabeth Niejahr „Alles auf Anfang – Die Wahrheit über Patchwork" (Aufbau Verlag) und 2013 „Chance für alle" (Herder Verlag). Ebenso bei Herder erschien im selben Jahr das Buch „Mama zahlt", für das Rocco Thiede die Idee und Konzeption entwickelte sowie sich als Koordinator und Fotograf

um die Umsetzung im Auftrag der Herausgeberinnen Annegret Kramp-Karrenbauer (ehem. Ministerpräsidentin des Saarlandes) und Bundesfamilienministerin a. D. Kristina Schröder kümmerte. 2014 wurde er Herausgeber, Mitautor und Fotograf von „KINDERGLÜCK" (Verlag der Bundeszentrale für politische Bildung) – ein Sammelband über das Leben kinderreicher Familien in Deutschland. Im Aufbau Verlag publizierte Rocco Thiede 2014 das Sachbuch „ASCHE – Aus dem Leben eines Feuerwehrmanns" mit der Geschichte des Berliners Andreas Eschke. 2015 folgten in einer Auflage von 3 000 Exemplaren die „Wege zur Vereinbarkeit von Pflege und Beruf in Unternehmen – Reportagen aus Brandenburg" in Zusammenarbeit mit der Katholischen Hochschule für Sozialwesen Berlin und im Oktober 2015 zusammen mit Susanne van Volxem „Deutschland – Erste Informationen für Flüchtlinge" (Herder). Das Sachbuch in deutscher und arabischer Sprache liegt mit über 243 000 gedruckten Exemplaren in mehreren Ausstattungen vor und ist seine bisher auflagenstärkste Publikation.

2016 erschien bei Herder „Die Generationsbrücke – Wie das Miteinander von Alt und Jung gelingt" mit einem wissenschaftlichen Nachwort des renommierten Gerontologen Prof. Andreas Kruse (Uni Heidelberg), in dem die Geschichte eines der erfolgreichsten Sozialunternehmens Deutschland nachgezeichnet wird. Im Herbst desselben Jahres kam im Auftrag des Brandenburger Ministeriums für Arbeit, Soziales, Gesundheit, Frauen und Familie die 100-seitige Publikation „Zeit schenken" auf den Markt. Die dortigen Reportagen und Fotos berichten über pflegebedürftige und demente Menschen und geben Hilfestellungen für ihre Angehörigen. Weitere Infos: www.roccothiede.de

Bildnachweis
Cover: © photolike / shutterstock (Klosterkirche), © Rocco Thiede (Mönche)
S. 7, 10, 11, 12, 23, 24, 26, 31, 32, 37, 48, 156: © Raphael Schmidt
S. 30, 35: © Bischof Wolfgang Ipolt
S. 42: © Kolossos / CC BY-SA 3.0
S. 47: © Bistumsarchiv, Bistum Görlitz
S. 107 © Matthias Holluba / Katholische Wochenzeitung „Tag des Herrn"
S. 140, 143: © Manuela Schneider, Evangelische Kirche Berlin-Brandenburg-schlesische Oberlausitz
S. 175: © Sebastian Asmus, Hamburg
Alle übrigen Fotos: © Rocco Thiede

Bibliografische Information der Deutschen Nationalbibliothek
Die Deutsche Nationalbibliothek verzeichnet diese Publikation in der
Deutschen Nationalbibliografie; detaillierte bibliografische Daten sind
im Internet über http://dnb.d-nb.de abrufbar.

Besuchen Sie uns im Internet:
www.st-benno.de

Gern informieren wir Sie unverbindlich und aktuell auch in unserem Newsletter
zum Verlagsprogramm, zu Neuerscheinungen und Aktionen.
Einfach anmelden unter www.st-benno.de.

ISBN 978-3-7462-5145-5

© St. Benno Verlag GmbH, Leipzig
Umschlaggestaltung: Ulrike Vetter, Leipzig
Gesamtherstellung: Arnold & Domnick, Leipzig (A)